Sandra Ingerman · Die schamanische Reise

Sandra Ingerman
Die schamanische Reise

Ein spiritueller Weg zu sich selbst

Aus dem Amerikanischen von Elisabeth Liebl

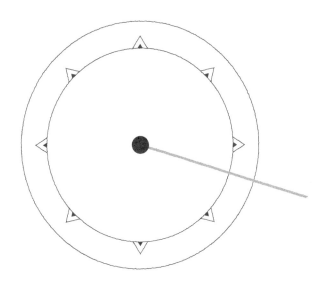

Ansata

Shamanic Journeying. A Beginner's Guide
Original English Language Edition published by Sounds True,
Boulder, Colorado 2004

Verlagsgruppe Random House FSC® N001967
Das für dieses Buch FSC®-zertifizierte Papier
Munken Premium liefert Arctic Paper
Munkedals AB, Schweden.

Bibliografische Information der Deutschen Bibliothek

Die Deutsche Bibliothek verzeichnet diese Publikation
in der Deutschen Nationalbibliografie; detaillierte bibliografische
Daten sind im Internet unter http://dnb.ddb.de abrufbar.

7. Auflage
© 2004 by Sandra Ingerman
© der deutschsprachigen Ausgabe 2004, 2009 Ariston Verlag
in der Verlagsgruppe Random House GmbH
© dieser Ausgabe 2011 Ansata-Verlag, München,
in der Verlagsgruppe Random House GmbH
Alle Rechte vorbehalten

Umschlaggestaltung: Die Werkstatt München / Weiss · Zembsch
Satz: Nikolaus Hodina, München
Druck und Bindung: GGP Media GmbH, Pößneck
Printed in Germany

ISBN 978-3-7787-7460-1

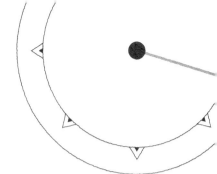

Inhalt

Einleitung 7

1 Schamanismus – Weg der unmittelbaren Erfahrung 13

2 Die drei Welten 19

3 Krafttiere und Lehrer 25

4 Vorbereitung auf die Reise 39

5 Allgemeine Fragen zum schamanischen Reisen 51

6 Ihre erste schamanische Reise 71

7 Ziel und Zweck der Reise 77

8 Noch mehr Reisen 85

9 Schamanisches Reisen für die Gemeinschaft 91

Kontaktadressen 94

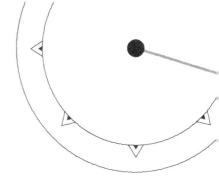

Einleitung

WER DAS WORT »SCHAMANE« HÖRT, denkt an einen geistigen Heiler, der über geheimes Wissen und magische Kräfte verfügt. Wie kommt dann ein einfaches Mädchen aus Brooklyn, New York, Anfang der 1980er Jahre zum Schamanismus?

Damals besuchte ich das *California Institute of Integral Studies*, um dort einen Abschluss als psychologische Beraterin zu machen. Um mein Studium zu finanzieren musste ich meist über 60 Stunden pro Woche arbeiten. Gleichzeitig hatte ich eine Reihe von Vorlesungen und Kursen zu belegen. Natürlich war ich daher ganz besonders an solchen Kursen interessiert, die keinen allzu großen Arbeitsaufwand erforderten. Eines Tages stand ich im Sekretariat der Schule, als ein Freund hereinkam und mir erzählte, dass ein Mann aus Connecticut käme, um ein Wochenend-Seminar über etwas zu halten, das sich »Schamanismus« nannte. Was dies sein sollte, wusste mein Freund zwar auch nicht, meinte aber, dass dieser Kurs leicht zu machen sei. Ohne zu zögern schrieb ich mich ein - und ohne auch nur ein Auge auf die Literaturliste zu werfen. Das Seminar begann am 31. Oktober 1980, also an Halloween.

Der Mann, der extra aus Connecticut einflog, war Dr. Michael Harner. Der Anthropologe und Autor des Buches *Der Weg des Schamanen* hatte der Tradition des schamanischen Reisens zu neuem Leben verholfen und sie in die moderne westliche Kultur integriert. Während der Recherchen für sein Buch hatte Dr. Harner eine entscheidende Entdeckung gemacht, die zur Grundlage seiner späteren Lehrtätigkeit im Westen wurde. Er erkannte, dass die schamanische Reise das zentrale Element aller schamanischen Kulturen ist, unabhängig vom geografischen, zeitlichen oder kulturellen Umfeld.

Während der schamanischen Reise begibt sich der Schamane in einen veränderten Bewusstseinszustand, um außerhalb von Raum und Zeit in jener Welt zu reisen, die Carlos Castaneda als nicht-alltägliche Wirklichkeit bezeichnete – und die ich für ein paralleles Universum halte. Gewöhnlich bedient sich der Schamane eines rhythmischen Schlaginstruments, um sich in Trance zu versetzen. Der Klang trägt seine Seele in die nicht-alltägliche Wirklichkeit. Auf diesen Reisen nimmt der Schamane Kontakt zu Hilfsgeistern auf, die Heilung, Unterstützung und Information für den Patienten, seine Familie und die Gemeinschaft, in der er lebt, bereithalten.

Bei diesem Wochenend-Seminar erfuhr ich, dass jedermann die Praxis des schamanischen Reisens erlernen kann. Schamanische Reisen geben Antworten auf persönliche Fragen, sie helfen uns, verschiedene Heilmethoden zu erlernen, andere Menschen zu unterstützen oder an Themen von globaler Bedeutung zu arbeiten. Sobald ich auf meiner ersten Reise meinen Hilfsgeist kennen gelernt hatte, wurde mir klar, dass diese Technik mir nicht nur helfen würde, mit den Herausforderungen meines Lebens besser fertig zu werden, sondern dass sie auch mein persönliches Wachstum fördern würde. Als Psychotherapeutin habe ich seitdem immer nach den besten Anwendungsmöglichkeiten für diese uralte, machtvolle Technik gesucht.

Die Methode des schamanischen Reisens schenkt uns Kraft zur Bewältigung unseres Lebens. Sie bietet einen sehr direkten und einfachen Zugang zu Einsicht und spiritueller Führung. Und sie hebelt unsere »Kopfsteuerung« aus, die unser Leben immer mehr bestimmt, weil sie bewusst auf Intuition und die Entwicklung eines erweiterten Bewusstseins setzt.

Wenn wir dann feststellen, dass wir durchaus in der Lage sind, unsere Probleme selbst zu lösen, stärkt diese Erkenntnis zu Recht unser Selbstwertgefühl. Wenn wir unsere Hilfsgeister treffen, wächst in uns die Wertschätzung für den Geist, der in uns und in allen Dingen um uns herum lebt. Wir fühlen uns von der Kraft des Universums angenommen und wir sind nie mehr allein.

Die Arbeit mit den Hilfsgeistern lehrt uns, was Macht eigentlich ist. Wirkliche Macht bedeutet, dass wir in der Lage sind, unsere Energie einzusetzen, um für uns selbst, für andere Menschen und die ganze Erde eine Wandlung herbeizuführen.

Schamanisches Reisen ist ein Weg zu altem Wissen, der Freude bereitet und der uns lehrt, wie wir Harmonie und Gleichgewicht in unser Leben bringen können. Er hilft uns, zum gesamten Spektrum unserer Möglichkeiten zu erwachen. Wenn wir regelmäßig reisen, verändert sich unser Leben und wir spüren bald, wie sehr es Gesundheit und Wohlbefinden bei uns selbst und unserer Umgebung fördert. Ich habe Menschen mit tiefen Depressionen gesehen, die auf diesem Weg zu neuer Lebensfreude fanden. Andere haben begonnen, zu tanzen oder zu singen, nachdem sie den kreativen Funken in sich jahrzehntelang unterdrückt hatten.

Ich habe erlebt, wie Menschen sich ein neues Leben aufbauten, nachdem ein tragischer Verlust oder eine schwere Krankheit sie vollkommen aus der Bahn geworfen hatte. Ich durfte dabei sein, als Menschen »ihre Stimme« wiederfanden. Wir müssen nur den tiefen Wunsch entwickeln, uns offenen Herzens diesem Weg zu widmen. Jeder kann reisen und sich diesen neuen Dimensionen des Lebens öffnen, welche die Hilfsgeister uns bereitwillig zeigen.

Es ist wichtig zu verstehen, dass es hier nicht um eine Ausbildung zum Schamanen geht. Traditionell wählt der Schamane seine Rolle nicht selbst. Man »bewirbt« sich nicht einfach für diesen Posten. Üblicherweise wählen »die Geister« aus, wer zum Schamanen wird und als solcher seiner Gemeinschaft dient. In schamanischen Kulturen gilt es sogar als Unheil bringend, wenn man sich selbst zum Schamanen ausruft. Dies wird als Prahlerei betrachtet. Und in schamanischen Kulturen gilt die Regel, dass man durch Prahlerei seine Macht verliert. Tatsächlich ist es die Gemeinschaft, die entscheidet, ob jemand Schamane genannt wird. Sie tut dies auf Grund der positiven Resultate, die der oder die Betreffende für die Ratsuchenden und die Gemeinschaft im Allgemeinen erzielt.

Die schamanische Reise macht Sie mit einer Grundtechnik bekannt, die von Schamanen auf der ganzen Welt eingesetzt wird, um Kontakt zu den geistigen Helfern aufzunehmen, persönliche Führung und Heilung zu erlangen, dem Menschen und der Natur zu helfen sowie die Verbindung mit der Natur, ihren Zyklen und Rhythmen, wiederherzustellen. Das schamanische Reisen bringt Sie direkt zu Ihren ganz persönlichen Quellen innerer Führung. Ich glaube, dass in unserer Zeit jeder aufgerufen ist, Methoden zu entwickeln, mit denen wir unsere Probleme lösen können, Methoden, die uns Kraft und Kreativität zurückgeben.

Die meisten Menschen setzen diese Technik für die eigene Heilung und ihre persönliche Entwicklung ein. Einige unter ihnen allerdings werden früher oder später dazu aufgefordert, ihre Fähigkeiten für die Gemeinschaft und die Natur auf unserem Planeten einzusetzen. Dieses Buch hat sich zum Ziel gesetzt, Sie so in die Technik des Reisens einzuführen, dass Sie danach Ihre eigene Reise-Geschichte beginnen können. Die Begleit-CD enthält drei Trommelstücke, mit deren Hilfe Sie Ihre Reise-Praxis starten können. Sobald Sie dieses Buch gelesen haben, können Sie mit Hilfe der CD Ihren ganz persönlichen Weg in die nicht-alltägliche Wirklichkeit antreten. ☺

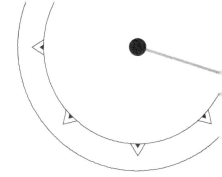

Schamanismus – Weg der unmittelbaren Erfahrung

DER SCHAMANISMUS IST DIE ÄLTESTE bekannte spirituelle Praxis der Menschheitsgeschichte. Er reicht Zehntausende von Jahren zurück. Obwohl der Begriff »Schamane« sibirischer Herkunft ist, wurde der Schamanismus auch in Asien, Europa, Afrika, Australien, Grönland sowie auf dem gesamten amerikanischen Kontinent praktiziert. Die Tatsache, dass dieser Weg mehrere zehntausend Jahre überlebt hat und heute noch existiert, zeigt, wie machtvoll diese Arbeit letztlich ist.

Eine der schönsten Seiten des schamanischen Reisens ist die Tatsache, dass wir unmittelbare Einsichten erhalten. Die Technik des schamanischen Reisens hilft uns, die Schleier zwischen der sichtbaren und nicht-sichtbaren Welt zu durchtrennen und Informationen zu erlangen, die uns auf unserem Weg zu mehr Ganzheitlichkeit unterstützen. Schamanen sind Männer oder Frauen, die direkt mit der Welt der Geister in Verbindung treten, um die geistige Seite einer Krankheit zu heilen, verlorene Seelenanteile zurückzubringen, wichtige Informationen zu erhalten, den Geistern Verstorbener beim Übergang zu helfen und Zeremonien und Rituale für die Gemeinschaft zu veranstalten. Schamanen erfüllen in der Stammesgemeinschaft eine Vielzahl von Funktionen. Sie sind Heiler, Ärzte, Priester, Psychotherapeuten, Mystiker und Geschichtenerzähler zugleich.

Die traditionelle Rolle des Schamanen

Traditionell richtet sich die Arbeit des Schamanen auf die Erzielung praktischer Ergebnisse. In den traditionellen schamanischen Kulturen wurde die Rolle des Schamanen entweder von einer einzigen oder von mehreren Personen ausgeübt. Der Schamane wurde von Jägern und Sammlern des Stammes befragt, wo sie nach Nahrung suchen sollten. Wenn er nicht in der Lage war, Nahrungsquellen ausfindig zu machen, konnte der Stamm nicht überleben. Außerdem oblag dem Schamanen die Heilung der Stammesmitglieder. Auch hier hing also die Überlebensfähigkeit des Stammes von den Kräften des Schamanen ab.

Der Schamanismus lehrt uns, dass alles Existierende lebendig ist und einen eigenen Geist besitzt. Wir sind mit der Erde und allen lebenden Organismen durch ein geistiges Netz verknüpft. Ebenso wie die Quantenphysik vom Vorhandensein eines Energiefelds ausgeht, das alles Leben umfasst, so spricht auch der Schamane vom Netz des Lebens, das alles miteinander verbindet. In unserer modernen Gesellschaft sehnen sich viele Menschen danach, diese Verbundenheit mit dem Netz des Lebens wieder zu spüren und so die allgemein herrschende Isolation zu durchbrechen.

Wenn wir in die nicht-alltägliche Wirklichkeit reisen, lernen wir, mit dem Geist der Bäume, Gräser und Blumen zu sprechen, mit Felsen und Tieren wie Insekten, Vögeln,

Fischen oder Reptilien, aber auch mit dem Geist der Elemente wie Wasser, Erde, Feuer und Luft. Wir erfahren das Netz des Lebens unmittelbar.

Rhythmen und Zyklen

Da wir ein Teil der Natur sind, haben wir ein tief verwurzeltes Bedürfnis, uns von neuem mit den Rhythmen und Zyklen unserer Umwelt zu verbinden. Stellen Sie sich nur vor, wie anstrengend es ist, jeden Tag Ihres Lebens gegen den Strom zu schwimmen. Doch wir haben uns tatsächlich von den Zyklen des Mondes und der Jahreszeiten abgekoppelt und schwimmen sehr häufig gegen den Strom des Lebens an. Ich glaube, dass dies einer der Gründe ist, weshalb Krankheiten wie chronische Erschöpfung, Depressionen und andere körperliche und seelische Probleme sich in unserer Gesellschaft so epidemisch ausbreiten. Die Hilfsgeister sind in der Lage, uns zu sagen, wie wir unser Leben wieder ausbalancieren können, indem wir uns auf die Rhythmen der Natur einlassen und im Einklang mit ihnen leben.

Der Schamanismus kennt eine Reihe von Ritualen zur Arbeit mit den Zyklen der Natur und unseres eigenen Lebens. Wir lernen, die Zeichen zu lesen und unsere Träume zu deuten – all dies schenkt uns tief greifende Einsichten, Kraft und Heilung. Der Schamanismus lehrt uns, welchen Wert eine regelmäßige spirituelle Praxis hat und welch tiefer Sinn im Dienst an den Mitmenschen liegt, wodurch unser Leben eine neue Bedeutsamkeit erhält. Und schließlich vermittelt uns der Schamanismus Zugang zu jenen machtvollen Kräften, die uns erlauben, die Welt zu schaffen, in der wir leben wollen – und zwar nicht nur für uns, sondern auch für andere Menschen.

Körperliche und seelische Heilung

Schamanen heilen körperliche und seelische Krankheiten, indem sie mit den spirituellen Aspekten der Störung arbeiten. Traditionell war es die Aufgabe des Schamanen, Rituale durchzuführen. Noch heute gibt es praktizierende Schamanen, die in Sibirien, Asien, Australien, Afrika sowie in Nord- und Südamerika ihre uralte Kunst ausüben. Die Technik des schamanischen Reisens, die dieses Buch vorstellt, ist nur eines der zahllosen Rituale, mit denen Schamanen die Kommunikation mit der Geistwelt herstellen.

Aus schamanischer Sicht gibt es drei allgemeine Ursachen für Krankheiten. Da ist zunächst der Verlust der persönlichen Kraft, der sich in Depression, chronischer Krankheit oder zahlreichen Missgeschicken ausdrückt, die dem Betroffenen ständig widerfahren. In diesem Fall müsste die schamanische Reise dem Kranken seine Kraft zurückgeben. Des Weiteren kann ein Mensch einen Teil seiner Seele, seiner Essenz, verlieren. Ein solcher Seelenverlust kann sich während eines seelischen oder körperlichen Traumas ereignen, zum Beispiel bei Unfällen, Operationen, Missbrauchserfahrungen, Kriegserlebnissen, Naturkatastrophen oder anderen schrecklichen Erlebnissen. Seelenverluste führen zu Persönlichkeitsspaltungen, post-traumatischem Stress-Syndrom, Depression, Krankheit, Immunschwäche, Suchtneigung, krankhaften Formen der Trauer oder Koma. In solchen Fällen führt der Schamane eine Seelenrückholung durch, indem er sich auf die Suche nach den versprengten Teilen der Seele macht und sie dem Betroffenen zurückbringt. Die dritte mögliche Krankheitsursache sind Blockaden oder negative Energien, die sich in einem Menschen immer dann ausbreiten, wenn er seine Kraft oder seine Seele verloren hat. Auch diese Blockaden verursachen Krankheiten. Diese beschränken sich jedoch meist auf einen genau umrissenen Teil des Körpers. Diese negativen und schädlichen Energien zieht der Schamane aus dem Körper.

Außerdem heißt der Schamane mit einem Ritual jedes neu geborene Kind des Stammes willkommen. Er vollzieht »Trauungen« und hilft Sterbenden, den Übergang von der körperlichen in die geistige Welt zu bewältigen. Zur Aufgabe des Schamanen gehört die Förderung der Fruchtbarkeit von Land und Menschen, die Interpretation von Träumen und die Beratung von Menschen in schwierigen Situationen. Der Schamane führt Initiationsrituale bei jeder Form von Transformationsphasen durch, zum Beispiel beim Übergang von der Jugend zum Erwachsenenleben. In Geschichten vermittelt er seinen Zuhörern, was im Leben wirklich zählt und wie die Geister uns helfen können, unseren Weg zu finden, wenn wir uns verloren fühlen. Er bannt negative Zaubersprüche und dunkle Energien, erspürt die Stimmung in der Gemeinschaft und fängt jedes Zeichen von Unmut und Disharmonie auf. Verliert der Stamm einen seiner Angehörigen, wird dieser in einem vom Schamanen durchgeführten Ritual betrauert. Außerdem liest der Schamane aus den Zeichen den richtigen Zeitpunkt für Feste oder Jagd heraus.

Der Schamane versteht die Zyklen der Natur – Jahreszeiten, Mondzyklen, die Bewegung der Sterne am Himmel. Diese Veränderungen geben ihm Zeichen, die er zu deuten weiß. Er kommuniziert mit den Wettergeistern und sorgt so dafür, dass in seiner Gemeinschaft Harmonie und Gleichgewicht erhalten bleiben.

Normalerweise gibt es mehr als einen Schamanen in der Gemeinschaft. Jeder von ihnen besitzt seine ganz besonderen Fähigkeiten. So sind einzelne Schamanen für ihre Erfolge mit bestimmten Heilzeremonien wie zum Beispiel der

Seelenrückholung bekannt, während andere ihren Ruf auf Grund einer besonderen Fähigkeit zur Vorhersage von Ereignissen genießen.

Über die Jahrtausende hinweg hat es der Schamanismus immer verstanden, sich der Kultur und Zeit, in der er ausgeübt wurde, anzupassen. Im Augenblick ist in der westlichen Welt ein unglaubliches Interesse am Schamanismus festzustellen. Menschen aus allen Schichten und Lebensbereichen bauen die Techniken des Schamanismus in ihr Leben ein: Hausfrauen, Studenten, Lehrer, Psychotherapeuten, Anwälte, Krankenschwestern, Ärzte, Politiker und Wissenschaftler. Meiner Ansicht liegt ein wesentlicher Grund für diese unglaubliche Wiedergeburt des Schamanismus im Westen in der Tatsache, dass die Menschen wieder Zugang zu ihrer persönlichen Intuition suchen. Wir haben es satt, unsere Macht den sozial akzeptierten Autoritäten zu überlassen. Und wir wissen, dass nur wir unser Leben wirklich verändern können. ☉

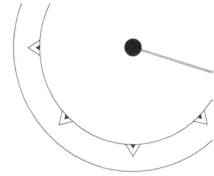

Die drei Welten

DAS SCHAMANISCHE WELTBILD geht davon aus, dass es neben der physischen Welt noch eine unsichtbare Wirklichkeit gibt, in die man beim schamanischen Reisen eintaucht. Die keltische Tradition nennt diese Realität die »Anderwelt«, die australischen Aborigines bezeichnen sie als »Traumzeit«. In vielen schamanischen Überlieferungen wird diese Welt als dreigeteilt dargestellt. Es gibt eine Untere Welt, eine Obere Welt und eine Mittlere Welt. Jede dieser Welten hat eigene Charakteristika. Dazu gehören bestimmte Formen des Zugangs oder eine klar erkennbare landschaftliche Beschaffenheit. Ich möchte Sie in jede dieser drei Welten einführen und Ihnen dabei die verschiedenen Tore und Landschaften vorstellen.

Die Untere Welt

Die Untere Welt wird in manchen Traditionen auch schlicht als »Unterwelt« bezeichnet, was allerdings einen negativen Beiklang haben kann. Die Landschaft der Unteren Welt ist erdverbunden: Berge, Wüsten, dichte Wälder, weite Prärien. Wenn ich selbst Seminare über schamanisches Reisen halte, empfehle ich den Kursteilnehmern meist, zunächst Bekanntschaft mit der Unteren Welt zu schließen.

Eine Reise in die Untere Welt beginnt damit, dass wir uns einen in freier Natur gelegenen Ort in unserer normalen Wirklichkeit bildlich vorstellen. Sie sollten diesen Ort klar vor Augen haben. Von diesem Punkt aus werden Sie sich tief in die Erde hineinbegeben. Es gibt viele Möglichkeiten, diesen Schritt zu vollziehen: Sie können die Wurzeln eines Baumes hinabklettern, durchs Herz eines Vulkans reisen oder durch ein Loch im Boden. Vielleicht wartet irgendwo der Eingang zu einer Höhle auf Sie oder Sie benutzen ein eventuell vorhandes Gewässer als Eingang, einen See, Fluss, Bach oder Wasserfall. Sie können jeden Weg nutzen. Entscheidend ist, dass Sie von Ihrem Platz in der Natur aus durch eine natürliche Öffnung tief hinein in die Erde gelangen. Wenn Sie keine natürliche Öffnung finden, können Sie sich auch einen Aufzug vorstellen oder eine U-Bahn, wenn Ihnen das leichter fällt.

Viele Menschen erleben nach dem Eintritt in die Erde eine Art Übergangsphase. Zum Beispiel könnten Sie einen langen Tunnel sehen, dem Sie folgen müssen. Ein glänzendes literarisches Beispiel dafür ist Alice im Wunderland, die durch einen magischen Tunnel in eine andere Welt gelangt. Doch mit einem Mal stehen Sie im Licht. Die Landschaft wird klar erkennbar. Sie haben die Untere Welt betreten.

Die Obere Welt

Im Gegensatz dazu empfinden die meisten Menschen die Obere Welt als eher ätherisch. Das Licht ist heller, strahlender, auch wenn das Farbenspektrum der Oberen Welt nicht nur Pastellfarben umfasst, sondern häufig auch tiefe Dunkelheit. Die Landschaften der Oberen Welt sind sehr unterschiedlich. Wir können in den Wolken schweben, aber auch in einem funkelnden Kristallpalast umherwandern. Obwohl wir in der Oberen Welt den Boden unter unseren Füßen meist nicht wahrnehmen, haben wir das deutliche Gefühl, auf etwas zu stehen.

Auch für die Reise in die Obere Welt suchen wir einen Platz in der Natur, doch dieses Mal sollte er unsere Bewegung nach oben unterstützen. Einige Schamanen benutzen den Lebensbaum, um in die Obere Welt zu klettern. Andere traditionell genutzte Möglichkeiten sind: das Hochklettern an einem Seil oder auf einer Leiter, der Sprung von der Spitze eines Berges, der Aufstieg mit Hilfe eines Wirbelwinds, die Wanderung über den Regenbogen, das Reisen mit der Rauchspirale eines Feuers oder auf den Schwingen eines Vogels, der uns mitnimmt. Modernere Reisende entschweben im Fesselballon. Mitunter erhebt sich der Reisende auch aus eigener Kraft oder das Krafttier bzw. der Schutzgeist trägt ihn hinauf. Bei der Art Ihres Aufstiegs haben Sie die freie Wahl.

Eine Grenze, die Sie durchmessen, signalisiert Ihnen, dass Sie in der Oberen Welt angekommen sind. Bei vielen Menschen ist dies einfach eine Wolken- oder Nebelschicht. Es handelt sich dabei nicht um eine Barriere, die Sie überwinden müssen, sondern wieder um eine Art Durchgangsphase, ähnlich wie im Märchen von Jack und der Wunderbohne. Auch hier muss der Held erst durch die Wolken, bevor er in der neuen Welt ankommt. Und im *Zauberer von Oz* trägt ein Tornado Dorothy in die andere Welt, eine Erfahrung, die im Schamanismus gar nicht selten ist. Tatsächlich geht es in vielen Kindergeschichten um die Erfahrung einer anderen Welt, deren Muster sich nicht selten in der traditionellen Praxis des Schamanismus wiederfinden.

Wenn Sie diesen Übergang hinter sich gebracht haben, befinden Sie sich auf der ersten Stufe der Oberen Welt. Wenn Sie immer noch Sterne und Planeten sehen, sind Sie noch nicht in der Oberen Welt angekommen! Das Zeichen dafür ist das bereits erwähnte Durchschreiten einer Schwelle, die keinen besonderen Widerstand bereithält, und in der Folge die Veränderung der Umgebung.

Viele schamanische Traditionen gehen davon aus, dass die Obere und Untere Welt eine bestimmte Anzahl von Stufen oder Schichten umfasst, doch die meisten schamanisch Praktizierenden erleben beide Welten als potenziell unendlich, weil das Universum selbst grenzenlos ist. Sie werden auf jeder Ebene etwas erfahren, was Sie persönlich weiterbringt. Daher liegt es an Ihnen, diese unterschiedlichen Stufen für sich zu erforschen.

Die Mittlere Welt

Die Mittlere Welt ist die spirituelle Dimension unserer physischen Welt. Reisen in die Mittlere Welt unternimmt man, um mit den Geistern zu kommunizieren, die in allen Erscheinungen dieser Welt stecken. Ein klassisches Motiv für die Reise in die Mittlere Welt ist das Wiederfinden von verlorenen oder gestohlenen Dingen, die innige Verbindung mit der Natur sowie Heilvorgänge auf weite Entfernung. Eine andere Möglichkeit ist beispielsweise eine Reise zum Mond, bei der Sie erforschen können, wie die verschiedenen Mondzyklen Ihre Stimmung und Ihr Verhalten beeinflussen. So erfahren Sie, wie Sie Ihr Leben so einrichten können, dass es Ihren natürlichen Rhythmen gehorcht, was sich vorteilhaft auf Ihr Wohlbefinden auswirkt. Auf dieselbe Weise können Sie natürlich auch Sonne, Sterne und die Elemente erforschen. All diese »Gesprächspartner« haben uns viel zu sagen, wenn es darum geht, wie wir unser Leben wieder ins Gleichgewicht bringen können.

Wenn Sie in die Mittlere Welt reisen, verlassen Sie die Gegenwart nicht. Sie reisen in Ihrer aktuellen Umgebung. Vor Ihrem inneren Auge sehen Sie, wie Sie vor Ihre Haustüre treten, in Ihren Garten oder blitzschnell durch den Raum reisen, um ferne Orte zu erreichen oder etwas zu suchen, das Sie verloren haben. Reisen in die Mittlere Welt sind auch dann nützlich, wenn Sie etwas über den Ort, an dem Sie leben, erfahren wollen, über Bäume, Bäche oder Felsen, die sich dort befinden. Auf diese Weise können Sie im Einklang mit Ihrer Umgebung leben. George Washington Carver (1864-1943) zum Beispiel war ein renommierter Botaniker, der die Landwirtschaft der amerikanischen Südstaaten revolutionierte, weil er völlig neue Nutzungsarten für die Pflanzen ersann. Carver selbst meinte, er erhalte sein Wissen direkt von den Pflanzen selbst, weil er durch die Natur gehe und mit ihnen spreche. Schamanen sprechen seit jeher mit Tieren und Pflanzen (auch außerhalb der schamanischen Reise), um mehr über Potenzial, Zyklen und Bedürfnisse der Natur herauszufinden. Trotzdem sollten Sie sich bei Ihren Naturstudien nicht nur auf die beim Reisen erworbenen Kenntnisse verlassen. Verbringen Sie so viel Zeit wie möglich in der freien Natur, um sich von ihr inspirieren zu lassen. Vermutlich ermuntert das Reisen Sie ohnehin dazu.

Mit der Mittleren Welt zu arbeiten kann sich als kompliziert erweisen, weil sich dort so viele verschiedene Arten von Geistwesen aufhalten. Dazu gehören zum Beispiel die Seelen Verstorbener, die auf Grund eines traumatischen, meist zu plötzlichen Todes den Weg zur anderen Seite nicht gefunden haben. Einige dieser Wesen wissen nicht einmal, dass sie tot sind. Wenn Sie diesen Seelen helfen möchten, sollten Sie nach Ihrem Einstieg mit diesem Buch noch weiter an sich arbeiten. Ein großer Teil der schamanischen Arbeit besteht in der Tätigkeit des Psychopompos. *Psychopompos* ist ein Beiname des griechischen Gottes Hermes, dessen Aufgabe es unter anderem war, die Seelen ins Totenreich zu geleiten. Reisen jedoch, um mit dem Geist des Windes, der Bäume, Blumen und Flüsse zu sprechen oder um die Elfen, Devas, Kobolde und Feen der Mittleren Welt zu konsultieren, sind eine wunderbare Gelegenheit, unsere Umwelt besser kennen zu lernen.

Sie entscheiden, ob Sie in die Untere, die Obere oder die Mittlere Welt reisen. Auch während der Reise entscheiden Sie allein, ob und mit wem Sie Kontakt aufnehmen wollen oder ob Sie lieber Ihre Reise fortsetzen. Es ist sehr wichtig, sich klar zu machen, dass nur Sie allein darüber bestimmen, wohin Sie gehen und mit wem Sie sprechen. Der Reiz der Entdeckung der nicht-alltäglichen Wirklichkeit liegt ja nicht zuletzt darin, die Eigenschaften und Bewohner der unterschiedlichen Bereiche mit ihren Landschaften kennen zu lernen. Unsere Hilfsgeister besitzen die Fähigkeit, zwischen den Welten zu reisen. Sie können uns auf unseren Reisen begleiten, unterstützen, ja gar als Transportmittel dienen, ganz egal, wohin wir uns nun wenden.

Ich werde im Folgenden verschiedene, weit verbreitete Erfahrungen bei der Reise beschreiben, um Ihnen die Unterschiede zwischen den Welten zu verdeutlichen. Doch letztlich ist nur eines wichtig: Es gibt keine Regeln für das, was während der schamanischen Reise erlebt wird. Vertrauen Sie Ihrer eigenen Erfahrung statt die anderer Menschen nachahmen zu wollen. Jedes einzelne Erlebnis ist wichtig und wertvoll. ☯

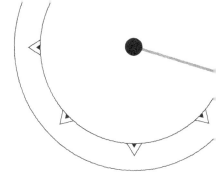

Krafttiere und Lehrer

DER SCHAMANE ARBEITET während der Reise im Wesentlichen mit zwei Arten von Helfern: mit Krafttieren, die man auch als Helfergeister kennt, und mit Lehrern in menschlicher Gestalt. Krafttiere und Lehrer können wir sowohl in der Unteren als auch in der Oberen Welt antreffen.

Je mehr sich Ihre schamanische Praxis vertieft, desto zahlreicher werden Ihre Helfergeister. Normalerweise sind es ein bis zwei Krafttiere oder Lehrer, die uns dauerhaft begleiten, um uns bei der Bearbeitung der wichtigen Themen in unserem Leben zu helfen. Darüber hinaus gibt es Krafttiere und Lehrer, die sich erst dann einstellen, wenn wir ganz bestimmte Lektionen zu lernen haben. Sie vermitteln uns klar umrissene Fähigkeiten und gehen danach ihrer Wege, um Platz für neue Begleiter zu machen.

Mit der Zeit werden Sie lernen, Ihren Helfern zu vertrauen – den ständigen ebenso wie den zeitweiligen – und ihre Hilfe und Führung dankbar anzunehmen. Von diesem Moment an werden Ihre Helfer Sie für immer auf Ihren Reisen begleiten.

Krafttiere und Schutzgeister

In den schamanisch geprägten Kulturen geht man davon aus, dass sich bei der Geburt jedes Menschen mindestens ein Tier einstellt, das ihm seinen Schutz und seine Führung anbietet. Das ist unser Krafttier. Wenn ein Mensch sein Krafttier kennt, wird er es mit Hilfe des schamanischen Reisens direkt um Rat fragen. Doch auch wenn er der Vorstellung von einem Krafttier gar nichts abgewinnen kann, erhält er auf unsichtbaren Wegen Unterstützung, deren er sich nicht bewusst ist. Einige Menschen berichten, sie hätten eine ganze Gruppe von Krafttieren um sich, doch normalerweise sind es nur ein oder zwei Tiere, die diese Funktion erfüllen. Andere tierische Helfergeister nehmen meist eine weniger zentrale Rolle ein.

Ihr Krafttier repräsentiert die gesamte Art Ihres Schutzgeistes. So begegnen Sie beispielsweise nicht dem Geist eines *bestimmten* Adlers, Kängurus oder Eichhörnchens, sondern erfreuen sich des Schutzes der Art als solcher. Häufig ist es auch ein mythisches Tier, das sich als Krafttier zur Verfügung stellt, wie Pegasus oder das Einhorn. Auch ausgerottete Tierarten bieten sich mitunter als Krafttiere an, da der Geist der Art ewig lebt. Es ist also nicht ungewöhnlich, wenn jemand einen Stegosaurus als Krafttier hat.

Heute gibt es zahlreiche Bücher über die Bedeutung und den Symbolgehalt der einzelnen Krafttierarten. Doch da im Schamanismus nun einmal das Prinzip der unmittelbaren Einsicht gilt, ist es besser, sich nicht auf die Interpretationen anderer zu verlassen. Wenn Sie allerdings weder am Verhalten noch an der äußeren Erscheinung erkennen, mit welchem Tier Sie es zu tun haben, sollten Sie ein Lexikon der Tierarten zu Rate ziehen. Dann aber in irgendeinem Buch danach zu suchen, was es wohl bedeuten mag, dass Ihnen jetzt genau dieses Tier begegnet, ist müßig. Es hindert Sie womöglich daran herauszufinden, welche besonderen Qualitäten Ihnen dieses Tier mitbringt. Zu diesem Zweck fragen Sie am besten bei Ihrem Krafttier selbst nach, welche Eigenschaften, Gaben und Informationen es Ihnen geben kann.

In meinen Seminaren erzählen die Teilnehmer häufig, ein Elefant habe sich ihnen als Krafttier angeboten. Wenn ich dann nachhakte, was der Elefant ihnen denn zeigen wolle, hieß es meist: »Wie man die Dinge leicht nimmt.« Und doch würde wohl kein Symbollexikon der Welt den Elefanten unter dem Stichwort »Leichtigkeit« führen!

Mir selbst wurde in dieser Hinsicht eine recht eindrucksvolle Lektion zuteil, als ich in den späten 1980er Jahren sehr viel reisen musste. Die Teilnehmer meiner Workshops bringen mir häufig kleine Geschenke mit. Und doch erhielt ich während einer bestimmten Zeit in meinem Leben lauter Geschenke, deren Bedeutung ich auf Anhieb einfach nicht verstand. Auf einem Workshop erhielt ich beispielsweise zwei Geschenke, die auf die Eule hinweisen: eine Eulenfeder und einen Eulenfetisch. Fetische werden vom Stamm der Zuni-Indianer gefertigt. Es handelt sich dabei um kleine, geschnitzte Figuren, die von der Kraft eines bestimmten Tieres erfüllt sind.

Ich fand es merkwürdig, dass ich gleich zwei Eulen-Geschenke bekam, da ich nie erzählt hatte, dass die Eule zu meinen Helfern gehörte. Und das war nur der Anfang! Im nächsten Monat erhielt ich noch mehr Geschenke, die mit der Eule zu tun hatten. Der Gipfelpunkt war eine handgefertigte Eulenmaske, die mir einer meiner Kursteilnehmer mitbrachte. Offenkundig hatte dies etwas zu bedeuten, aber ich wusste einfach nicht, was.

Also unternahm ich eine Reise zu meinem wichtigsten Schutzgeist, mit dem ich seit 1980 arbeitete. Ich fragte ihn, weshalb so viele Menschen mir Geschenke machten, die etwas mit der Eule zu tun hatten und weshalb die Eule zu diesem Zeitpunkt in mein Leben trat. Er antwortete, dass die Eule nicht nur im Dunkeln sehen könne, sondern dass sie auch eine Art »Radarsystem« besitze, das mir schon bald nützlich sein werde. Dann brach die Reise recht unvermittelt ab. Da schamanisches Reisen außerhalb der Grenzen der Zeit stattfindet, konnte »bald« alles Mögliche bedeuten. Daher nahm ich auch nicht an, dass das Eulen-Geheimnis sich in naher Zukunft lüften würde.

Einige Wochen später hielt ich einen Workshop in St. Louis. Der Workshop endete am Sonntagabend, und da ich für Montagmorgen in meiner Praxis in Santa Fe einige Klienten zur Beratung erwartete, musste ich noch spät am Abend nach Hause fliegen. Als ich im Flugzeug saß, gingen plötzlich sämtliche Lichter aus. Das Kabinenpersonal tastete sich mit Taschenlampen bewaffnet durch die Gänge. Ich achtete nicht weiter darauf, weil ich annahm, man wolle den Schlaf der Passagiere nicht stören.

Kurz darauf meldete sich der Flugkapitän über Lautsprecher und meinte, wir hätten uns sicher bereits gefragt, was denn los sei. Ich hatte eigentlich gar nicht darüber nachgedacht, jetzt aber spitzte ich die Ohren. Der Kapitän verkündete, es habe einen Kurzschluss gegeben und wir hätten daher kein Licht, weder in der Kabine noch außerhalb. Außerdem, so meinte er, flögen wir gerade durch die Ausläufer eines Sonnenwindes, was bedeute, dass auch unser Radar leider nicht funktioniere.

Augenblicklich fielen mir die ganzen Eulen-Geschenke ein, die ich erhalten hatte, sowie deren Deutung durch meinen Schutzgeist vor einigen Wochen: Die Eule verfüge über eine Art »Radarsystem«, das ich schon bald brauchen würde. Glücklicherweise landeten wir sicher und ohne Probleme. Ich bin überzeugt, dass es auch die geistige Gegenwart der Eule war, die in dieser Nacht dazu beitrug. Außerdem war dies eine tief gehende Lektion zum Thema »Vertrauen«: Für mich wurde gesorgt. Das Universum schickte mir die Hilfe, die ich brauchte, und das auch noch im Voraus.

Hätte ich nun in klassischen Ratgebern zum Symbolgehalt von Krafttieren nachgeschlagen, hätte ich vermutlich das Stichwort »Transformation« gefunden, aber ganz sicher nichts über »Radarsysteme« und über die Tatsache, dass ebendiese Fähigkeit der Eule mir sehr bald nützlich sein würde. Damals habe ich gelernt, dass wir uns auf die Information aus unseren Reisen verlassen sollten, wenn wir herausfinden wollen, welche spezielle Gabe ein Tier in einem bestimmten Moment für uns bereithält. Schielen Sie also nicht nach anderen, um die Botschaft zu begreifen, die Ihre Tiere Ihnen übermitteln wollen. Das ist eine Sache zwischen Ihnen und Ihrem Krafttier. Was es Ihnen zu sagen hat, muss auch nicht immer mit Ihren Vorstellungen über dieses Tier übereinstimmen.

Sie sollten sich also nach Möglichkeit Ihrer vorgefassten Meinung hinsichtlich der Kräfte, die ein bestimmtes Tier mit sich bringt, bewusst sein. In meinen Workshops habe ich unzählige Menschen erlebt, die wütend waren, weil ihr Krafttier sich als Eichhörnchen entpuppte, also kein besonders »beeindruckendes« Tier wie Adler oder Bär war. In der nicht-alltäglichen Wirklichkeit hat kein Tier mehr Macht als ein anderes. Alle Krafttiere haben außergewöhnliche Fähigkeiten und sind deshalb in der Lage, uns ungewohnte und einzigartige Einsichten zu vermitteln. Eine Maus besitzt ebenso viele Kräfte wie ein Löwe, aber sie hat uns etwas ganz anderes mitzuteilen als dieser.

Auch Bäume oder andere Wesen wie Elfen und Feen können zu unseren Helfern werden. Da es sich dabei nicht um

Tiere handelt, nennen wir sie Schutzgeister. Pflanzen treten gewöhnlich nicht als Schutzgeister auf, auch wenn sie von Schamanen auf der ganzen Welt ihrer Heilkräfte wegen benutzt werden.

In den schamanischen Kulturen ist das Leben in der Gemeinschaft sehr wichtig. In den traditionellen Stammesgesellschaften hatte der Individuationsprozess längst nicht die Bedeutung, die wir ihm heute im Westen zuschreiben. Das lag vor allem daran, dass das Überleben der Gemeinschaft in hohem Maße vom Beitrag jedes Einzelnen abhing. In einigen Kulturen bildeten sich so genannte »Clans« heraus, die ein kollektives Krafttier besaßen, das für diese Gruppe sorgte. Auf meinen Reisen für andere Menschen konnte ich feststellen, dass auch Paare, Familien, ja sogar Organisationen oder Firmen häufig ein Krafttier haben, das sie in der nicht-alltäglichen Wirklichkeit unterstützt.

Ein Punkt, der manchmal Verwirrung auslöst, sind Krafttiere, die für den Menschen irgendwie gefährlich sind, weil sie beißen, stechen oder Gift in sich tragen. Insekten wie Ameisen, Bienen oder Spinnen können durchaus Krafttiere sein. Wenn Sie sie allerdings in größeren Mengen irgendwo im Körper wahrnehmen, weisen sie vermutlich eher auf eine Krankheit hin. Ein Schamane kann, wenn er in den anderen Bewusstseinszustand geht, im Körper seines Klienten durchaus ein zähnefletschendes Reptil oder einen Schwarm von Ameisen wahrnehmen. Auch Tiere wie Schlangen, Echsen oder Drachen können Krafttiere sein, doch wenn sie Ihnen die Zähne zeigen oder Sie anzischen, stehen sie für eine Krankheit. Hin und wieder allerdings ist der Biss eines Reptils als Übertragung seiner Kraft gedacht. Als ich zum Beispiel zum ersten Mal der weißen Kobra beggnete, die einer meiner Helfergeister ist, biss sie mich in den Hals. Auf diese Weise übertrug sie ihre Fähigkeiten und Heilkräfte auf mich. Andere erfahrene Reisende, welche ebenfalls mit der Kobra arbeiten, berichten das Gleiche. Ein eindeutiges Unterscheidungsmerkmal ist die Frage, ob das Ihnen erschienene Tier sich wahrhaftig als Helfer erweist. So gibt es Menschen, die eine dicke, freundliche Spinne als Krafttier haben. Und diese vermittelt einen völlig anderen Eindruck als Tausende von Spinnen, die in der Leber eines anderen Menschen herumkrabbeln.

Auf der schamanischen Reise ist es unsere klar und deutlich formulierte Zielsetzung, die den Geistern zeigt, was wir sehen wollen. Wenn Sie eine Reise machen, um ein Krafttier oder einen Schutzgeist kennen zu lernen, dann werden Sie diesem begegnen und keine Insektenschwärme vorfinden. Unternehmen Sie die Reise jedoch in der Absicht, den geistig-seelischen Hintergrund einer Krankheit aufzuklären, dann zeigen sich eher Insektenschwärme oder Reptilien, die den Rachen aufreißen, um dem Schamanen zu signalisieren, wo im Körper die Krankheit angesiedelt ist.

Ein letzter Hinweis: Bitte gehen Sie mit Ihrem Krafttier nicht hausieren und prahlen Sie nicht mit seinen Fähigkeiten. Im Schamanismus geht man davon aus, dass die Kraft verloren geht, wenn sie zur Schau gestellt wird.

Lehrer in menschlicher Gestalt

Der zweite Typ von Helfern, mit denen der Schamane gewöhnlich arbeitet, ist der des Lehrers in menschlicher Gestalt. In traditionellen schamanischen Kulturen waren dies Götter und Göttinnen sowie die Geister der Ahnen. Heute begegnen die Menschen auch anderen Lehrern wie Jesus, Maria oder Buddha. Viele Menschen treten in Kontakt mit inspirierenden Gestalten der Geschichte wie Albert Einstein oder Hildegard von Bingen. Auch verstorbene Verwandte wie die Großmutter oder der Großvater treten als Lehrer auf. Doch auch die alten Götter der Mythen wie Isis, Osiris oder Hermes sind gute Lehrer.

Wichtig ist nur, dass wir für die Lehrerfigur, die uns entgegentritt, offen sind. So kann es beispielsweise sein, dass Ihr geistiger Lehrer ein Kind ist. Oder Sie sehen sich auf einer Reise zu einem bestimmten Thema plötzlich Ihrem Spiegelbild gegenüber, was hieße, dass der bestmögliche Lehrer in dieser Frage Sie selbst sind.

Ich arbeite seit 1980 immer wieder mit demselben Schutzgeist. Trotzdem begegnen mir auch andere Lehrer, die für bestimmte Lebensabschnitte oder Themen wichtig sind. Wenn diese zu Ende gehen oder die Probleme gelöst sind, verschwinden diese Figuren wieder aus meinem Leben. Außerdem habe ich Krafttiere, die immer wieder auftauchen und mich unterstützen, auch wenn ich nicht ständig mit ihnen arbeite. Dasselbe gilt für die Lehrer in menschlicher Gestalt. Meine wichtigste Lehrerin ist Isis, die 1986 auf einer Visionssuche in mein Leben trat.

Mein Schutzgeist wiederum übernimmt die schamanische Heilarbeit auf den Reisen, die ich für andere Menschen unternehme. Wenn ich Reisen zu persönlichen Fragen unternehme, antwortet er mir. Isis dagegen erscheint, wenn die Fragen einen allgemeineren Hintergrund haben. Darüber hinaus hilft sie mir beim Schreiben meiner Bücher und bei meiner Arbeit in Workshops oder auf Konferenzen.

Wie die Krafttiere so sind auch Lehrer in menschlicher Gestalt in unserem Leben Quellen von tiefer Heilkraft und Weisheit. Nancy zum Beispiel, eine meiner Klientinnen, erfuhr durch die Arbeit mit ihrem Lehrer eine umfassende Heilung. Sie war als Kind missbraucht worden und litt unter starken Depressionen, die sie mit Medikamenten in Schach hielt. Als sie anfing, schamanisch zu reisen, traf sie ihren Lehrer, König James IV. von Schottland. Da Nancy Lehrerin ist, machte sie sich auf die Suche nach Informationen über das Leben von König James. Sie las zahlreiche Bücher und erfuhr so, dass König James als Kind von seinem Vater missbraucht worden war. Er hatte sich selbst geheilt und war mit dem Trauma fertig geworden. Dies zeigte ihr, dass auch sie Heilung finden konnte. Durch die Auseinandersetzung mit seinem Leben und ihre Reisen zu ihm, schaffte Nancy es, ihre Vergangenheit endlich hinter sich zu lassen. Mittlerweile lebt sie seit Jahren ohne Antidepressiva.

Eine andere meiner Klientinnen, Isabel, plante mit ihrem Mann eine Ferienreise nach Hawaii. Vorher reiste sie zu ihrem Lehrer und fragte, ob sie dorthin etwas mitnehmen solle. Er meinte, sie solle ein Seil einpacken. Da sie dort nicht klettern wollte, überraschte die Antwort sie ein wenig. Sie erzählte ihrem Mann und Freunden davon, erntete aber nur ungläubiges Staunen und Gelächter. Trotzdem nahm Isabel das Seil mit. In Hawaii angekommen unternahmen die beiden eine Wanderung in einer Gegend, in der es kurz zuvor viel geregnet hatte, was zu zahlreichen Erdrutschen geführt hatte. An einem bestimmten Punkt der Wanderung rutschten beide ab und saßen nun am Fuße eines Abhangs in der Falle. Nur weil Isabel das Seil im Rucksack hatte, gelang es ihnen, sich zu befreien.

Auch dies ist ein klassisches Beispiel, wie der Rat eines Lehrers dazu beiträgt, Menschen vor zukünftigem Schaden zu bewahren. Ähnlich war es mir mit dem Geist der Eule ergangen. Diese Erfahrungen zeigen, dass unsere Helfer uns lieben und für uns sorgen.

Unsere Beziehung zu den Helfergeistern

Krafttiere, Schutzgeister und Lehrer sind unsere Helfer. Mitunter scheinen sie müde oder krank zu sein, doch sie sind Geistwesen und als solche niemals müde oder krank. Vielleicht signalisieren sie Ihnen damit Ihren eigenen körperlichen oder seelischen Zustand. Oder sie wollen testen, ob Sie ihnen auch dann Liebe und Unterstützung entgegenbringen, wenn es ihnen scheinbar schlecht geht. Letztlich dreht sich also alles um Ihre Treue. Können wir die Helfergeister für all das, was sie für uns tun, wirklich schätzen?

Krafttiere und Schutzgeister sind niemals eifersüchtig aufeinander. Mitunter erblickt man auf einer Reise zwei Krafttiere, die miteinander kämpfen. Denken Sie bitte daran, dass diese Geistwesen immer einen Grund haben, sich so zu zeigen, wie sie es tun. In diesem Fall geht es wahrscheinlich um ein Rollenspiel, das Sie auf einen bestimmten Bereich in Ihrem Leben aufmerksam machen soll. Am besten fragen Sie, was sie Ihnen mit ihrem Verhalten sagen wollen, damit die Botschaft, die sie Ihnen übermitteln wollen, auch tatsächlich ankommt.

Es ist sehr wichtig, dass Sie ein Krafttier oder einen Schutzgeist finden, dem Sie vertrauen. Dieser kann Sie dann auf Ihren Abenteuern in der nicht-alltäglichen Wirklichkeit begleiten und Ihre Fragen beantworten. Wenn Sie ein Geistwesen sehen oder spüren, mit dem Sie keinen Kontakt aufnehmen wollen, machen Sie einen Bogen darum, so wie Sie es mit einem merkwürdigen Tier tun würden, das Ihnen bei einem Spaziergang im Wald begegnet. Das schamanische Reisen ist sehr sicher. Wichtig ist nur, sich klar zu machen, dass die Kontrolle darüber, wohin Sie reisen und mit welchen Geistern Sie Freundschaft schließen, allein bei Ihnen liegt.

Traditionell verschmelzen die Schamanen mit ihren Krafttieren und Lehrern durch rituelle Gesänge und Tänze. Dies ist eine großzügige Einladung an die Helfer, sich unseres Körpers zu bedienen, da sie selbst ja keinen Körper besitzen und daher die Freuden der materiellen Welt nicht genießen können. Schamanen knüpfen eine feste Verbindung zwischen sich und den Helfern, indem sie ihnen erlauben, »mit Hilfe ihres Körpers zu tanzen«.

Auch hier möchte ich Ihnen empfehlen, Ihre Helfer zu befragen, wie Sie Ihnen am besten Ehre erweisen können. Sie werden feststellen, dass sie Ihnen auf diese Weise länger erhalten bleiben, als wenn Sie ihre Gegenwart und ihre Versuche, Ihnen bei Ihrer Entwicklung zu helfen, ständig ignorieren. So können Sie beispielsweise ein Gedicht oder ein Lied für sie schreiben. Malen Sie ein Bild von Ihren Geistern. Ich bringe meinen Helfergeistern häufig einen Picknickkorb mit, wenn ich in die nicht-alltägliche Wirklichkeit reise. Bei diesen Reisen ist meine einzige Absicht, ihnen zu danken. Daher stelle ich ihnen bei dieser Gelegenheit auch keine Fragen. Vielmehr drücke ich meinen tief empfundenen Dank dafür aus, dass sie mich seit 20 Jahren auf meinen Reisen begleiten.

Was die Enthüllung der Identität Ihrer Geister angeht, so gibt es keine allgemein verbindliche schamanische Tradition, die Ihnen verbieten würde, anderen zu sagen, wer Sie unterstützt. In manchen schamanischen Gesellschaften kennt jeder die Identität der Schutzgeister aller Stammesmitglieder. Vielleicht sollten Sie eine Reise unternehmen, um herauszufinden, was Ihre Helfer dazu sagen. Was mich betrifft, so riet mir mein Hauptkrafttier, seine Identität am besten für mich zu behalten. Andere Helfer hingegen waren damit einverstanden, dass ich ihre Identität preisgebe. Über diese schreibe ich auch oder erwähne sie in meinen Vorträgen.

Wenn man anderen die eigene spirituelle Praxis erklären will, ist es manchmal ganz nützlich, wenn man enthüllen kann, um welche Helfer es geht. Trotzdem möchte ich Ihnen empfehlen, vorher um Erlaubnis zu bitten.

Krafttiere und Lehrer leben sowohl in der Unteren als auch in der Oberen Welt. Sie können Reisen unternehmen, um Ihre Lehrer und Krafttiere auf den verschiedenen Ebenen dieser Reiche kennen zu lernen. Krafttiere und Lehrer sind selbst in der Lage zu reisen. Sie können Sie auf Ihren Wegen durch die nicht-alltägliche Wirklichkeit überall hin begleiten. Auch in die Mittlere Welt können Sie sie rufen, wenn Sie das Gefühl haben, sie dort zu brauchen.

Stellen Sie sich vor, Sie sind nervös, weil Sie eine wichtige Besprechung, ein Vorstellungsgespräch oder etwas Ähnliches vor sich haben. Fassen Sie einen klaren Vorsatz und rufen Sie dann Ihre Krafttiere und Lehrer. Bitten Sie sie, Sie während der Begegnung zu begleiten, Ihnen Führung zuteil werden zu lassen und Ihre Angst zu vermindern. Haben Sie vielleicht Angst, wenn Sie auf der Autobahn unterwegs sind? Bitten Sie um den Schutz Ihrer Geister, damit Sie sicher nach Hause gelangen.

Ich nutze diese Technik in meinem Alltagsleben häufig. So bin ich bei Flügen immer äußerst nervös. Und ich fliege viel! Wenn ich ins Flugzeug steige, meditiere ich ein paar Minuten lang, um mich in diesem Umfeld wohler zu fühlen. Ich bitte alle meine Krafttiere, Lehrer und Schutzgeister, zu mir zu kommen und für einen ruhigen, sicheren Flug bis zu meinem Zielort zu sorgen. Dann bitte ich die Krafttiere und Helfer der anderen Passagiere sowie der Crew um Unterstützung. Und schließlich wende ich mich an die Geister des Flugzeugs und erbitte von ihnen einen sicheren Flug.

Die Beziehung zu unseren Helfern kann uns auch vor mittlerweile so verbreiteten Problemen wie dem Burn-out-

Syndrom bewahren. Energetisch betrachtet kann man, sobald man mit Menschen in Kontakt kommt, deren Gefühle und Gedanken sozusagen »auflesen«. Mitunter »zapfen« andere Menschen unsere Energie regelrecht an, wenn sie Unterstützung oder Hilfe brauchen. Der Schamanismus gibt uns die Möglichkeit, auf andere voll einzugehen, ohne uns energetisch mit ihrem Kummer und ihren Sorgen zu belasten – was zu Burn-out und zu Krankheit führen kann. Wenn wir uns mit einem Menschen treffen wollen, der uns sein Leid klagen möchte, dann wäre die normale schamanische Vorgehensweise, das eigene Krafttier oder den Lehrer zu bitten, uns mit Kraft zu erfüllen und unsere Grenzen zu sichern. So vermeiden wir, uns ungewollt für den unsichtbaren Austausch zu öffnen, der auf der energetischen Ebene stattfindet, wenn die Probleme anderer Menschen auf uns übertragen werden. Diese Methode wendet man sinnvollerweise auch dann an, wenn man einen überfüllten Raum betritt oder sich kurz vor Ladenschluss durch die Menge auf der Straße kämpft. Auf diese Weise bleibt man von den Energien der Menschenmenge unberührt.

Wenn wir die Geister auf diese Weise in die Mittlere Welt rufen, heißt das nicht, dass wir am helllichten Tag und ohne Vorbereitung, quasi aus dem Stegreif des Alltags heraus, eine schamanische Reise unternehmen. Das Reisen hat ohnehin seinen eigenen Rhythmus. Tatsächlich gibt es auch Zeiten, zu denen eine Reise nicht angebracht ist. Schamanen führen Rituale aus, bevor sie sich auf die Reise begeben. Sie überschreiten die Grenze zur nicht-alltäglichen Wirklichkeit bewusst und absichtlich, um dort ihre Helfer zu kontaktieren. Menschen, welche den Ein- und Austritt in die nicht-alltägliche Wirklichkeit nicht im Griff haben, sind keine schamanisch Praktizierenden. Tatsächlich ist dies das entscheidende Merkmal bei der Psychose, einer gravierenden seelischen Erkrankung. Menschen, die unter Psychosen leiden, wissen meist nicht, in welcher Welt sie sich gerade befinden. Die Reise eines Schamanen aber wird absichtlich, bewusst und im Hinblick auf ein bestimmtes Ziel unternommen.

Sobald Sie regelmäßig praktizieren, werden Sie feststellen, dass Sie von Ihren Helfern allerlei Unterstützung erwarten können. Trotzdem tragen Sie natürlich weiterhin selbst die Verantwortung für das, was Sie tun. Ihre Helfer werden Ihnen keineswegs die Arbeit abnehmen. Doch sie werden Ihnen bei der Heimkehr Ihrer Seele behilflich sein. ☉

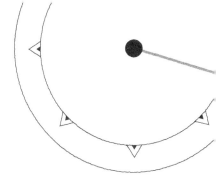

Vorbereitung auf die Reise

SCHAMANEN LEITETEN IHRE REISEN traditionsgemäß mit Ritualen und Zeremonien ein. Wichtig ist dabei vor allem, sich über Ziel und Zweck der Reise klar zu werden. Traditionelle Schamanen nahmen sich ausreichend Zeit für die Vorbereitungen. Mit Singen und Tanzen reinigten sie ihren Geist. So wurden sie zum sprichwörtlichen »hohlen Knochen«, zur Flöte, auf der die Macht des Universums spielen konnte.

Wenn Sie für Ihre erste Reise bereit sind, sollten Sie sich vor allen Dingen ein klares Ziel setzen. Auch wenn Sie nur zu Erkundungszwecken in die Untere, Mittlere oder Obere Welt reisen, tun Sie diese Absicht bitte deutlich kund. Suchen Sie hingegen Antwort auf eine bestimmte Frage, lassen Sie sich diese ein paar Mal durch den Kopf gehen. Wenn Sie sich einfach nur hinlegen, ohne eine klare Absicht kundzutun, können Sie zwar durchaus eine wunderbare Reise erleben, doch die meisten Menschen berichten, dass sie Reisen ohne klare Zielsetzung nur verschwommen und bruchstückhaft wahrnehmen. Der Schlüssel zur spirituellen Praxis, sei dies nun Meditation oder schamanisches Reisen, ist die Konzentration. Es ist wichtig, dass Sie lernen, wie Sie sich während der Reise konzentrieren können, ohne sich vom ewigen Geschwätz des Denkens und der täglichen Sorgen ablenken zu lassen.

Versuchen Sie herauszufinden, zu welcher Tageszeit Sie mit Ihren Reisen das beste Ergebnis erzielen. Experimentieren Sie, um die Zeit zu finden, zu der Ihre Konzentration am höchsten ist. Sie sollten sich frisch fühlen und einen möglichst klaren Kopf haben, der nicht mit dem Wälzen von Problemen beschäftigt ist. Viele Menschen reisen am besten früh am Morgen, bevor ihr Alltag so richtig losgeht. Der späte Nachmittag ist normalerweise keine gute Zeit für schamanische Reisen. Zu dieser Zeit hat man den Kopf gewöhnlich so voll, dass die Reisen nur »auszugsweise« wahrgenommen werden. Andere Menschen ziehen es vor, kurz vor dem Schlafengehen zu reisen. Ich persönlich kann für Klienten zu jeder Tageszeit reisen. Was jedoch mich selbst angeht, so erhalte ich die besten Ergebnisse am Morgen, bevor ich aus der inneren Stille des Erwachens herausgerissen und in den Alltag hineinkatapultiert werde.

Ob und inwieweit die Ergebnisse des schamanischen Reisens von der Ernährung beeinflusst werden, ist eine Frage, die die einzelnen schamanischen Kulturen unterschiedlich beantworten. In vielen Stammesgesellschaften hält der Schamane eine bestimmte Diät ein, bevor er seine Rituale vollzieht und sich der Heilarbeit widmet. Was unsere eigenen Fähigkeiten zur Konzentration fördert oder schwächt, können wir selbst am besten beurteilen. Ganz allgemein gesagt wirkt sich Alkohol bei schamanischen Reisen eher störend aus, weil er die Konzentration beeinträchtigt. Wenn Sie vor den Reisen schwere Mahlzeiten zu sich nehmen, ist Ihr Körper mit Verdauen beschäftigt, was gewöhnlich schläfrig macht. Es gibt Menschen, die Koffein bei ihren Reisen schätzen. Meiner persönlichen Erfahrung nach macht ein bisschen Koffein die Reise klarer, zu viel aber »schließt das Tor« zur nicht-alltäglichen Wirklichkeit.

Wenn es dann so weit ist, sollten Sie sich einen bequemen, ruhigen Platz suchen, an dem Sie nach Möglichkeit nicht gestört werden. Verurteilen Sie das Telefon zum Schweigen, indem Sie den Stecker ziehen oder den Hörer abnehmen. Sie können im Sitzen oder im Liegen reisen. Denken Sie daran, dass Ihre Eindrücke von der Reise umso deutlicher sein werden, je wacher Sie sind. Machen Sie es sich also nicht so bequem, dass Sie unversehens einschlafen.

Wenn Sie den Platz für die Reise vorbereitet haben, können Sie tanzen, singen oder sich bewegen, um Ihr Blut mit Sauerstoff anzureichern. Auf diese Weise öffnen Sie Ihr Herz und Sie spüren, was Sie mit dem Leben als solchem verbindet. Bewegung, Tanz, Singen – all diese Dinge helfen uns, die Barrieren der Ichbezogenheit niederzureißen, denn diese hindern uns nur allzu oft an klaren Eindrücken von der Reise. Außerdem kommunizieren die Geister durch unser Herz mit uns. Wir selbst nehmen unsere Reise durch das Herz wahr. Nehmen Sie sich also ein wenig Zeit, um tief in Ihr Herz hineinzuatmen, damit es sich so weit als möglich öffnen kann. Wenn einer meiner Klienten eine schlimme Zeit durchlebt, weise ich ihn immer darauf hin, während der Reise möglichst durch sein Herz zu atmen.

Die meisten Menschen, die diese einfache Technik in ihre regelmäßigen Übungen aufgenommen haben, berichten von großen Erfolgen. Wenn Sie also während der Reise den Faden verlieren oder das Gefühl haben, gar nichts zu erleben, dann atmen Sie einfach durchs Herz aus und ein. Richten Sie Ihre Aufmerksamkeit auf die Zielsetzung Ihrer Reise, bis die Konzentration zurückkehrt und Sie wieder »in der Spur« sind.

Einer der zahlreichen Ausdrücke für den Schamanen bedeutet wörtlich übersetzt »der im Dunkeln sieht«. Es ist also sehr viel einfacher, in vollkommener Dunkelheit zu reisen. Aus diesem Grund reisen die meisten Menschen in abgedunkelten Räumen bei geschlossenen Vorhängen oder Jalousien. Sie können natürlich auch Ihre Augen bedecken. Nehmen Sie einen Schal, eine Binde oder Schlafbrille, um Ihre Augen vor dem Licht zu schützen. Achten Sie darauf, dass die Abdeckung Sie nicht beim Atmen stört. Ansonsten können Sie alles benutzen, was für Sie bequem ist.

Atmen Sie ein paar Mal tief ein und aus, bevor Sie mit der Reise beginnen. Auf diese Weise wird die Erfahrung klarer. Dann klären Sie Ihre Zielsetzung, bevor Sie die Trommel-Musik starten. Wiederholen Sie Ihre Absicht so oft, bis Sie voll darauf konzentriert sind und der Zweck Ihrer Reise Ihnen klar und deutlich vor Augen steht. Dann stellen Sie sich den Ort in der Natur, der Sie in die Obere oder Untere Welt führt, bildlich vor. Wenn Sie in die Mittlere Welt reisen, richten Sie den inneren Blick auf die Tür, durch welche Sie gehen werden, sobald die Reise beginnt.

Denken Sie daran: Sie allein bestimmen, wohin Sie gehen, mit wem Sie sprechen und wann Sie von der Reise zurückkehren. Schamanisches Reisen ist kein Traumerlebnis, bei dem man - solange man nicht die Praxis des Klarträumens beherrscht - keinen Einfluss auf die Erlebnisse seines Traum-Ichs hat. Wenn Sie einen Albtraum erleben, dann müssen Sie diese Erfahrung durchstehen, ohne sie beenden zu können. So etwas kann während einer schamanischen Reise nicht passieren.

Sie können wählen, ob Sie in die Untere, die Obere oder die Mittlere Welt gehen wollen. Entscheiden Sie, ob Sie mit dem Geistwesen, das vor Ihnen steht, sprechen wollen oder ob Sie lieber weitergehen. Welcher Helfer sich Ihnen vorstellt, unterliegt nicht Ihrem Einfluss. Wenn Sie jedoch ein bestimmtes Wesen sehen wollen, das Sie bereits auf einer früheren Reise kennen gelernt haben, so können Sie dies als Absicht formulieren. Lassen Sie Überraschungen zu.

Die Rolle der Trommel beim schamanischen Reisen

Quer durch alle Kulturen nutzen Schamanen monotone Rhythmen, meist von Trommeln, um ihren Bewusstseinszustand zu verändern, wenn sie auf die Reise gehen. Auch Rasseln, Stöcke und Klangschalen werden häufig eingesetzt. Die Schamanen Australiens reisen mit Didgeridoo oder Klanghölzern, den so genannten *click sticks*. Die Heiler der Samen, eines Nomadenvolkes aus Lappland, nutzen entweder Trommeln oder ein gleichförmiges Singen, das sie als *joiking* bezeichnen. Die monotonen Klänge führen zu einem veränderten Bewusstseinszustand, in dem es leichter fällt, die unsichtbaren Welten zu betreten.

Heute kann man mit genauen Instrumenten wissenschaftlich messen, was im Gehirn während solch veränderter Bewusstseinszustände geschieht. Im normalen Bewusstseinszustand produziert unser Gehirn so genannte Beta-Wellen. Bei monotonem Trommeln jedoch schaltet das Gehirn um. Die Gehirnwellen werden langsamer. Zuerst kommt es zum Alpha-Zustand, einem Stadium beginnender Meditation. Und schließlich werden die Gehirnwellen noch langfrequenter, der Theta-Zustand stellt sich ein. In diesem Zustand finden die schamanischen Reisen statt, bei denen wir die unsichtbaren Welten erkunden und Kontakt mit unseren Helfern aufnehmen.

Natürlich können Sie auch ohne Trommeln reisen, aber wenn Sie es sich zur Gewohnheit machen, zu einer Musik zu reisen, die Ihnen hilft, in den anderen Bewusstseinszustand hinüberzugleiten, steigt damit auch Ihre Konzentration bei der schamanischen Praxis. Möglicherweise verfügen Sie auch ohne Reisen über intuitive Einsichten, doch die schamanische Praxis sollte auf jeden Fall einer gewissen Routine unterworfen sein. Auf diese Weise setzen Sie die Reisen deutlich von Ihrem Alltagsleben ab.

Bestimmte schamanische Kulturen nutzen Pflanzen und pflanzliche Stoffe (Halluzinogene), die den veränderten Bewusstseinszustand schneller herbeiführen. Man nennt diese Pflanzen auch »Visions-Pflanzen«. Gerade am Amazonas und in anderen Teilen Südamerikas wachsen zahlreiche solcher Pflanzen, und die Schamanen setzen sie zum Zwecke der Heilung oder zur Erlangung spiritueller Führung für ihren Stamm ein. Auch bestimmte Pilze und andere Pflanzen werden für diesen Zweck genutzt. Inwieweit sich diese Praxis auf unsere Kultur übertragen lässt, ist zwischen Ethnologen und anderen Forschern, die sich mit dem Schamanismus beschäftigen, umstritten.

Meiner Ansicht nach sind Trommeln, Rasseln und andere Instrumente, die von Schamanen seit Jahrtausenden zum Reisen benutzt werden, ein völlig ausreichendes und wirkungsvolles Mittel zur Herbeiführung veränderter Bewusstseinszustände. Darüber hinaus haben diese Mittel den Vorteil, dass sie sich auch in unserer Kultur problemlos einsetzen lassen. Wenn wir weiterhin schamanische Techniken zur Lösung der Probleme unserer Zeit nutzen wollen, müssen wir auf jeden Fall Methoden suchen, um dies angemessen und sicher tun zu können.

Obwohl die traditionellen Schamanen ihre eigenen Trommelrhythmen entwickelt haben, um in die nicht-alltägliche Wirklichkeit zu reisen, hat Dr. Michael Harner herausgefunden, dass ein bestimmter Rhythmus sich für Anfänger am besten eignet. Daher enthält die beiliegende CD auch nur Trommelstücke in einem bestimmten Rhythmus. Das erste, etwa zwölfminütige Trommelstück beginnt mit Rasseln und Pfeifen. Damit wird der Raum für Sie vorbereitet. Mit Rasseln und Pfeifen holen wir die Geister herbei. Auf der CD finden Sie noch zwei weitere Trommelstücke: ein knapp 20-minütiges Stück und eine rund 30-minütige Aufnahme. Probieren Sie aus, welcher Zeitrahmen Ihnen mehr liegt.

Eine Trommel oder Rassel bauen

Rasseln können Sie mit vielen Dingen basteln, die der normale Haushalt so bereithält. Nehmen Sie Maiskörner oder kleine Steine und legen Sie sie in eine Dose oder einen anderen Behälter. Sorgen Sie dafür, dass er nicht aufgeht, und schon haben Sie eine tolle Rassel. Suchen Sie Materialien aus, deren Klang Ihnen gefällt. Es sollte nicht zu hart klingen. Ich persönlich mag den Klang von Maiskörnern. Viele meiner Rasseln sind mit ihnen gefüllt. Zur Not geht auch ein Döschen Vitaminpillen. Auch diese können eine Reise effektiv unterstützen. Machen Sie einen Spaziergang und suchen Sie nach Dingen, mit denen Sie eine Rassel oder Trommel bauen können. Tatsächlich kann alles »heilig« werden, wenn wir es mit dem richtigen Bewusstsein auswählen und betrachten.

Wenn Sie eine Trommel oder Rassel kaufen, suchen Sie diese bitte nach dem Klang aus. Er sollte Sie sicher in die andere Welt hinübertragen. Einige Menschen brauchen dazu tiefe Töne, andere hohe. Da alle Trommeln und Rasseln unterschiedlich klingen, sollten Sie sie nach Möglichkeit ausprobieren, bevor Sie sie kaufen.

Trommeln, die aus Tierhäuten gemacht sind, reagieren recht stark auf Witterungseinflüsse, was sich mitunter auf den Klang auswirkt. Feuchtigkeit zum Beispiel sorgt dafür, dass die Elastizität der Bespannung nachlässt, was den klaren Ton der Trommel beeinträchtigt. Wenn die Bespannung zu locker war, um einen guten Klang zu erzielen, wurde die Trommel traditionell am Feuer getrocknet. Heute können Sie dafür einen Haartrockner nehmen. Leben Sie in einer eher heißen, trockenen Gegend, was die Bespannung mit der Zeit zu straff werden lässt, dann führt dies bisweilen dazu, dass der Ton der Trommel höher wird. In diesem Fall müssen Sie Ihrer Trommelhaut mehr Feuchtigkeit zukommen lassen.

Trommeln, die aus synthetischem Material gefertigt sind, werden durch klimatische Bedingungen nicht beeinflusst. Sie sind darüber hinaus ideal für Menschen, die Trommeln aus Tierhäuten aus ethischen Gründen ablehnen. In ihrer Wirkung und ihrem Geist stehen sie diesen jedoch in nichts nach.

Ich empfehle immer, verschiedene Rhythmen und Geschwindigkeiten auszuprobieren, wenn man rasselt oder trommelt. Finden Sie heraus, welche Klänge bei Ihnen die stärksten Erlebnisse auslösen. Manche Menschen brauchen zum Beispiel einen langsameren Schlag, weil sie sich sonst gehetzt fühlen. Wenn Sie eine andere Technik bevorzugen, machen Sie am besten eine Aufnahme von Ihrem persönlichen Trommeln oder Rasseln, mit der Sie hinterher reisen. Außerdem sollten Sie testen, ob Sie besser reisen können, wenn das Musikstück über die Lautsprecher ertönt, oder wenn Sie es über Kopfhörer aufnehmen. Bei den meisten Menschen bringt entweder die eine oder die andere Methode bessere Ergebnisse, wenn es um Konzentration und den Rückzug auf sich selbst geht.

Trommeln kann recht entspannend sein. Daher ist es durchaus möglich, dass Sie einschlafen, wenn Sie sich müde und erschöpft auf die Reise machen. Nicken Sie während der Reise ein, ist das nicht weiter gefährlich. Sie werden einfach nur frisch und munter wieder aufwachen!

Die Rückkehr

Man sollte möglichst nicht abrupt aus der Reise-Erfahrung gerissen werden. Allerdings ist unsere Umgebung meist nicht eben leise. Daher müssen wir lernen, mit derartigen Störungen fertig zu werden. Ich für meinen Teil habe lange geübt, damit Umgebungsgeräusche mich nicht mehr stören, wenn ich auf Reisen gehe. Wenn ich ein Geräusch höre, gehe ich noch tiefer in die Erfahrung hinein, sodass ich das Geräusch immer weniger als Hindernis für meine Reise erlebe. Wenn ich tatsächlich einmal unerwartet aus der Erfahrung herausgerissen werde und kurzfristig die Orientierung verliere, richte ich meine Aufmerksamkeit auf den Rhythmus der Trommel und kehre an den Punkt zurück, an dem meine Reise unterbrochen wurde.

Die Rückkehr von der Reise ist ein reiner Willensakt. Wir entscheiden uns bewusst, nun in die alltägliche Wirklichkeit zurückzukehren. Wenn Sie mit Ihrem Thema noch nicht fertig sind, können Sie ja jederzeit wieder reisen, um all die Informationen zu besorgen, die Sie brauchen, oder andere Bereiche der nicht-alltäglichen Wirklichkeit kennen zu lernen.

Natürlich gebe ich das Signal zur Rückkehr auf der CD nicht stimmlich. An einem bestimmten Punkt der Trommelmusik wechselt einfach der Rhythmus. Dies ist das Signal zur Rückkehr. Wenn Sie schon vorher zurückkommen wollen, bedanken Sie sich bei Ihren Helfern, verabschieden Sie sich und kehren Sie zurück. Nehmen Sie denselben Weg, über den Sie gekommen sind, bis Sie wieder an dem von Ihnen benutzten Übergang in die nicht-alltägliche Wirklichkeit ankommen. Von dort aus kehren Sie an Ihren Platz in der Natur und schließlich in den Raum zurück, in dem Sie liegen oder sitzen. Nehmen Sie die Kopfhörer ab oder stellen Sie die Musik ab. Sie müssen nicht warten, bis das Signal auf der CD ertönt. Viele Menschen schätzen es allerdings, gerufen zu werden und nicht selbst auf die Rückkehr achten zu müssen.

Das Rückkehrsignal beginnt mit vier Folgen von sieben kurzen Schlägen. Wenn Sie dies hören, verabschieden Sie sich von Ihrem Gesprächspartner und sagen »Danke«. Bedanken und verabschieden Sie sich auch, wenn Sie mit niemandem sprechen. Damit geben Sie Ihrem Inneren das Signal, dass etwas zu Ende geht. Wenn Sie sich von der nicht-alltäglichen Wirklichkeit verabschieden, fällt es Ihnen leichter, nach der Reise wieder in den Alltag zurückzukommen. Vergessen Sie nicht, dass es bei der schamanischen Reise darum geht, in die nicht-alltägliche Wirklichkeit einzutauchen und dann wieder ins normale Leben zurückzukehren – konzentriert und diszipliniert.

Nach dem Anfangssignal für die Rückholsequenz folgt ein etwa einminütiger schneller Trommelwirbel. Während dieser Schlagfolge sollten Sie Ihren Weg zurückverfolgen, bis Sie wieder in dem Raum sind, von dem aus Sie aufgebrochen sind. Dann erfolgt eine zweite Sequenz mit sieben kurzen Schlägen. Dies ist das Signal, dass die Reise nun vorüber ist. Nehmen Sie Ihre Augenbinde ab, wenn Sie eine tragen, öffnen Sie die Augen und stellen Sie die CD ab.

Lassen Sie sich Ihre Reise nochmals ruhig durch den Kopf gehen. Vielleicht möchten Sie Ihre Erfahrungen notieren. Hier kann ich Ihnen nur raten, alles so langsam wie möglich anzugehen. Haben Sie Geduld mit sich selbst. Ich habe noch nie einen Menschen getroffen, der nicht in der Lage war, schamanisch zu reisen. Es gibt allerdings Menschen, die viele Reisen unternehmen müssen, bevor sich bei ihnen das Gefühl einstellt, dass da etwas geschehen ist. Üben Sie einfach weiter: Entspannen Sie sich. Atmen Sie durch Ihr Herz ein und aus. Öffnen Sie all Ihre Sinne, nicht nur den Gesichtssinn, um Eindrücke aufzunehmen. Formulieren Sie eine klare Zielsetzung. Und früher oder später werden Sie reisen.

Leider leben wir in einer Kultur, die alles sofort erwartet. Schamanisches Reisen aber ist eine spirituelle Praxis, die Sie Ihr Leben lang begleitet und die kein Entwicklungsziel kennt. Niemand schreibt vor, an welchem Punkt Sie nach drei Reisen oder nach dreihundert sein müssen. Ich hatte einmal die Gelegenheit, mich mit einem Ulcchi-Schamanen zu unterhalten, der in die USA gekommen war, um dort eine Gruppe von Schülern zu unterrichten. Als ich ihn kennenlernte, war er um die 90 Jahre alt. Mit 17 hatte er begonnen, schamanisch zu reisen. Und er sagte von sich, er habe so viel Erfahrung »wie ein Baby«. Das ist wohl das beste Beispiel für die Einstellung, mit der ein echter Schamane an seine Arbeit herangeht.

Eine letzte Warnung: Bitte hören Sie die beiliegende CD keinesfalls beim Autofahren! ☺

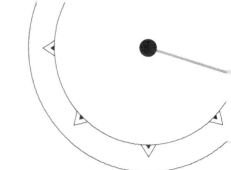

Allgemeine Fragen zum schamanischen Reisen

Erfahre ich die Reise mit allen Sinnen?

ZU BEGINN IHRER REISEN werden Sie feststellen, dass in der nicht-alltäglichen Wirklichkeit zunächst nur einer oder zwei Ihrer Sinne voll funktionsfähig sind. Einige Menschen sind *seherisch begabt*, was bedeutet, dass sie auf ihren Reisen Szenen, Bilder und Symbole sehen. Bei anderen funktioniert das *Gehör* besser. Sie nehmen die Botschaften ihrer Helfer in Form von Worten und Stimmen auf. Andere *spüren* die Informationen mehr, als sie zu sehen oder zu hören. Und bei den meisten Menschen ergibt sich ohnehin eine Kombination aus den verschiedensten Sinneseindrücken. Was mich angeht, so gehöre ich zum »hellhörigen« Teil der Menschheit. Und ich verlasse mich unbedingt auf die telepathischen Botschaften, die ich von meinen Geistern erhalte. Trotzdem sehe, fühle, rieche und schmecke ich auch auf meinen Reisen, aber das kommt einfach seltener vor.

In der Literatur zum Schamanismus findet man immer wieder den Ausdruck »schamanische Sicht« oder »schamanisches Sehen«. Der Schamane sieht mit dem Herzen und nicht mit den Augen. Und so nehmen die Helfer über unser

Herz Kontakt mit uns auf und nicht über unseren Verstand. Doch auf Grund der unglaublichen Vielzahl visueller Informationen, die über Fernsehen, Bilder und Computer auf uns einstürmen, sind wir zu einer stark visuell orientierten Kultur geworden. Wenn ich also auf Workshops die Technik des schamanischen Reisens vermittle, ist einer der schwierigsten Punkte, die Teilnehmer von der Erwartung abzubringen, sie müssten ihre Reise wie einen Film erleben. Stellen Sie sich einmal vor, Sie würden nie wieder Stimmen und Musik hören oder den bezaubernden Klänge der Natur lauschen. Nie wieder Düfte erschnuppern, Ihre Leibspeise auf der Zunge zergehen spüren oder einen anderen Menschen berühren und sich ihm nahe fühlen können. Das Leben ist unendlich vielfältig, wenn wir es mit allen Sinnen genießen. Das gilt natürlich auch für die schamanische Reise. Bedauerlicherweise glauben die Leute in meinen Kursen immer, dass sie keine schamanische Reise machen, wenn sie dabei keine visuelle Erfahrung haben. Ich arbeite daher hart daran, meine Kursteilnehmer auf die anderen Möglichkeiten der Sinneserfahrung in der nicht-alltäglichen Wirklichkeit aufmerksam zu machen.

Meiner Erfahrung nach funktioniert jener Bereich der Sinneserfahrung, der im Alltag am stärksten ausgeprägt ist, in der nicht-alltäglichen Wirklichkeit am schlechtesten. So sehen die meisten Maler gar nichts, wenn sie in die nicht-alltägliche Wirklichkeit eintauchen. Meist fühlen oder hören sie die für sie bestimmten Informationen. Das mag sich vielleicht nicht mit ihren Erwartungen decken, hat aber den Vorteil, dass die Fähigkeit, die im Alltag unterentwickelt bleibt, plötzlich eine wertvolle Funktion erhält und durch das Reisen belebt und gestärkt wird.

Ein Teil der Herausforderung, der Sie sich mit dem schamanischen Reisen stellen, liegt eben darin, dass Sie herausfinden müssen, welcher Ihrer Sinne in der nicht-alltäglichen Wirklichkeit am besten funktioniert, und den so erhaltenen Eindrücken dann auch tatsächlich zu vertrauen – auch wenn sie nicht Ihren Erwartungen entsprechen. Sobald Sie aber mit dem schamanischen Reisen vertraut geworden sind, werden Sie auf Ihren Ausflügen in die nicht-alltägliche Wirklichkeit sehen, hören, fühlen, schmecken und riechen wie im »richtigen Leben«. Darüber hinaus schärfen Sie auf diese Weise Ihre Intuition im Alltag, da durch das Reisen Ihre sinnliche Wahrnehmung ganz allgemein geschärft (und somit gesteigert) wird. Anders gesagt: Sie entwickeln beim Reisen eine ganz eigene Sprache, die mit der Art und Weise, in der Sie die alltägliche Wirklichkeit erfahren, nichts zu tun haben muss, auch wenn deren Vorteile sich im normalen Leben durchaus bemerkbar machen.

Außerdem gibt es unterschiedliche Arten des Reisens. Für manche Menschen besteht das Reiseerlebnis darin, dass sie tatsächlich innerhalb der Reise agieren und sich mit ihren Helfern treffen. Andere hingegen erleben die Reise gewissermaßen von außen und sehen sich selbst zu, als seien sie Darsteller in einem Film. Wieder andere verschmelzen mit ihrem Krafttier oder ihrem Führer und bewegen sich dann so durch die Reise. Mit dem Krafttier oder dem Lehrer zu verschmelzen ist eine besonders machtvolle Form der Reise, weil wir mit der Kraft des Universums eins sind. Meist wirkt diese Erfahrung in besonderem Maße heilsam auf uns. Viele Menschen lernen mit der Zeit alle Formen der Reise kennen. Im Wesentlichen hängt dies von der Erfahrungstiefe und von der Natur der Reise ab.

Darüber hinaus sollten wir nicht vergessen, dass alles, was auf einer Reise geschieht, Teil der Antwort auf unsere Frage ist. Achten Sie auf Ihre Umgebung, ob Sie diese nun hören, fühlen, sehen, schmecken oder riechen. Viele Menschen konzentrieren sich nur auf die Antwort, die sie vom Krafttier oder Lehrer erhalten, doch kann die Antwort auch im Wetter liegen, das auf Ihrer Reise herrscht. Sogar die Frage, ob die Sonne zu sehen ist oder nicht, ob es Nacht oder Tag ist, kann zur Antwort gehören.

Wie kommunizieren unsere Helfer mit uns?

Die Helfergeister lassen uns während der Reise auf den unterschiedlichsten Wegen Informationen zukommen. Einer davon ist die Telepathie. Wundern Sie sich nicht, wenn Sie sich in Gegenwart Ihres Krafttieres, Schutzgeistes oder Lehrers befinden, und Sie eine Botschaft erhalten, obwohl Ihr Gegenüber die Lippen nicht bewegt. Mitunter zeigen die Geister uns auch Symbole als Antwort auf unsere Fragen. Oder sie nehmen uns irgendwohin mit, damit wir zu Zeugen einer bestimmten Szene werden, die uns unser Problem in neuem Licht erscheinen lässt. Normalerweise aber greifen sie zu Symbolen und sprachlichen Bildern, um uns ihre Botschaft zuteil werden zu lassen. Diese Methode ist in allen spirituellen Traditionen bekannt.

Ein glänzendes Beispiel ist hier das Aramäische, die Sprache Jesu. Das Aramäische ist eine besonders poetische Sprache, und als die Bibel zuerst aus dem Aramäischen ins Griechische, später dann in die modernen Sprachen übertragen wurde, übersetzte man die sprachlichen Bilder meist wörtlich, wodurch nicht selten der Sinn entstellt wurde. So gibt es im Aramäischen beispielsweise keine Wörter für »gut« oder »böse«. Die aramäischen Begriffe, die dem am nächsten kommen, sind »reif« oder »unreif«, was gleichzeitig darauf verweist, dass das ganze Leben ein organischer, andauernder Prozess des Wachsens ist. Als man die Bibel übersetzte, verwendete man für diese aramäischen Begriffe Wörter wie »gut« und »böse«. Dieser schlichte Übersetzungsfehler prägte die jüdisch-christliche Kultur nachhaltig, denn die menschliche Entwicklung galt fortan als etwas, das sich jenseits der natürlichen Zyklen von Reife und Unreife vollzieht.

Wenn die Antwort, die Sie erhalten, wörtlich zu verstehen ist, gibt es wenig daran zu deuten. Bedienen die Helfer sich jedoch einer bildhaften, übertragenen Sprache, dann hat die Botschaft mehrere Ebenen. Meiner Ansicht nach versuchen die Geister auf diese Weise, uns zu inspirieren, unser Gewahrsein auszudehnen, sodass darin neue Bilder von uns selbst, von unserem Leben Platz finden. Die bildhafte Sprache bezieht sich stets auf mehrere Dinge zugleich, was uns zeigt, wie eng alles miteinander verbunden ist.

Mir zeigte vor einigen Jahren ein sehr eindrückliches Erlebnis, wie wichtig es ist, die schamanischen Botschaften auf ihre verborgene Bedeutung hin zu befragen. Ich war zu meinem Krafttier gereist, um es zu fragen, was ich im Augenblick in meinem Leben besonders dringend brauchte. Es sagte mir, ich solle meinen Garten pflegen. Ich fand die Antwort zwar ein wenig seltsam, weil ich zu jener Zeit viel auf Reisen und mein Grundstück allgemein nicht sehr fruchtbar war, doch in diesem Sommer verbrachte ich zwischen meinen Reisen möglichst viel Zeit im Garten.

Am Ende des Sommers allerdings wurde mir bewusst, dass ich die Anweisung viel zu wörtlich genommen hatte. Es dämmerte mir, dass mein Tier die Antwort im übertragenen Sinne verstanden wissen wollte. Ich sollte wohl eher einen Blick auf den Garten meines Lebens, meines Körpers werfen. Und meine Art, mit Klienten umzugehen, überprüfen. Säte ich Samen der Liebe, der Hoffnung und Inspiration in meinen Vorträgen und Kursen? Oder säte ich vielmehr Furcht? Mein Tier bat mich, jedes meiner Worte als Samen zu betrachten und zu überprüfen, was aus ihnen entsprang.

Bei meiner nächsten Reise sagte mein Krafttier, es habe sich schon gefragt, wie lange ich wohl noch brauchen würde, um die wahre Bedeutung dieser Botschaft zu erkennen. Andererseits sei es der Ansicht gewesen, dass die Gartenarbeit mir ganz gut tat - also hatte ich meine Zeit nicht völlig verschwendet! Trotzdem, so erklärte es, hätte es bei der ersten Reise einen etwas weiteren Lebensraum im Blick gehabt als das postkartengroße Stück Garten vor meinem Haus. Es versuchte mir zu zeigen, dass viele Menschen voller Furcht und Verzweiflung sind und der Schamane deshalb die Aufgabe habe, ihnen Geschichten von Liebe und Hoffnung zu erzählen. Traditionell wirkte der Schamane in seiner Gemeinschaft auch als Psychologe und Lebensberater. Er wusste einfach Geschichten, die seine Patienten heilen würden. Mein Krafttier wollte, dass ich allen Menschen, die in meine Kurse, meine Praxis, mein Leben kommen, Geschichten mit auf den Weg gebe, die Heilung bringen. Und dies war wirklich eine sehr wertvolle Lektion für mich.

Meiner Erfahrung nach versuchen unsere Helfer immer, uns zu mehr Wachstum und Entwicklung anzuregen. Sie schenken uns Inspiration, um unser Leben auf positive Weise zu verändern und ihm sein volles Potenzial, seine volle Bedeutung zu verleihen. Sie bemühen sich sehr, uns zur Überwindung der Spaltung zwischen uns, der Natur und der unsichtbaren Welt anzuregen, da so viele Menschen den Begrenzungen ihres alltäglichen Lebens aufsitzen. Die im übertragenen Sinne verstandenen Botschaften gehören zu ihren liebsten Tricks, weil wir im Prozess der Interpretation über uns selbst hinauswachsen. Sprachliche Bilder sorgen dafür, dass wir aus unseren engen Schubladen ausbrechen, in denen wir uns mit unseren wörtlichen Auffassungen verbarrikadiert haben. Sie verlangen von uns, das Leben unter einem anderen Blickwinkel zu betrachten. Wenn ich nicht intensiver über die Botschaft nachgedacht hätte, würde ich mich heute noch in meinem winzigen Garten abrackern.

Wie formuliere ich die Fragen an meine Helfer?

Meiner Ansicht nach gibt es zwei Schlüsselfaktoren für eine erfolgreiche Reise: einen intensiven Wunsch und die richtig formulierte Frage bzw. Absicht. Die besten Fragen beginnen mit den Wörtern »wer«, »was«, »wo« und »wie«.

Wenn Sie mit dem Reisen erst anfangen, sollten Sie nicht mehr als eine Frage pro Reise stellen. Achten Sie darauf, dass in Ihrer Frage kein »und« oder »oder« auftaucht, was aus einer zwei Fragen macht. Wenn Sie dann eine symbolische Antwort auf Ihre Frage erhalten, wissen Sie nicht, auf welchen Teil diese sich bezieht. Oder Sie glauben, Ihr Helfer habe den ersten Teil der Frage beantwortet und sei dann zur zweiten weitergegangen, während er Ihnen in Wirklichkeit noch nähere Erläuterungen zur ersten gibt. Bis Sie sich an die Sprache, in der Sie mit Ihren Geistern verkehren, gewöhnt haben, ist es besser, Ihre Fragen auf eine pro Reise zu beschränken. Sie können ja immer eine weitere Reise machen, wenn Sie noch mehr Fragen haben.

Je mehr Erfahrung Sie haben, desto einfacher wird es, mehr als eine Frage zu stellen. Aus diesem Grund bin ich so zufrieden mit der Kommunikationsform, die meine Helfer gewählt haben, um mir ihre Botschaften zu übermitteln, denn sie erlaubt auch längere Unterhaltungen. Doch um auf diese Ebene zu kommen, sind viel Zeit und Übung nötig.

Wenn Sie Hilfe in einer wichtigen Frage brauchen, sollten Sie die Frage so formulieren, dass Sie so viel Informationen wie möglich erhalten. Ein einfaches Ja oder Nein wird Ihnen kaum helfen, wichtige Entscheidungen zu treffen. Auch ein »Soll ich« oder »Soll ich nicht« ist meist nicht sehr hilfreich.

Es kommt beispielsweise recht häufig vor, dass Menschen ihre Helfer fragen, ob sie eine bestimmte Person heiraten sollen oder nicht. Wenn Sie diese Frage in der »Soll ich«-Form stellen, wird Ihr Krafttier vielleicht mit Ja antworten und Ihnen so den Eindruck vermitteln, dass Sie eine glückliche Ehe führen werden. Geht Ihre Ehe dann trotzdem schief und Sie erfahren viel Leid dadurch, werden Sie sich vermutlich fragen, weshalb Ihr Helfer Sie in diese Ehe geführt hat. Doch vielleicht war Ihr Krafttier eben der Ansicht, dass diese Ehe Ihnen eine wichtige, wenn auch schmerzhafte Lektion erteilen würde. Wir sollten uns ein für alle Mal klar machen, dass unsere Helfer uns zwar vor ernsthaftem Schaden bewahren werden, sie uns aber die Lektionen, die wir mitunter nur widerwillig lernen, keineswegs ersparen wollen. Hätten Sie allerdings gefragt: »Was werde ich lernen, wenn ich diese Ehe eingehe?«, dann hätten Sie vielleicht die Antwort erhalten: »Du wirst lernen, mit Vertrauensbruch umzugehen.« So hätten Sie einen viel deutlicheren Hinweis auf die Erfahrungen erhalten, die Sie in dieser Ehe machen würden. Und Sie hätten die Wahl gehabt, ob Sie sich darauf einlassen wollen oder nicht.

Auf einer meiner besonders bedeutungsträchtigen Reisen traf ich auf meine spirituelle Lehrerin Isis, die mir eine seltsame Frage stellte: »Weißt du, was dein Problem ist?« Erstaunt ob ihrer brüsken Art gab ich zurück: »Nein. Was ist denn mein Problem?« Sie antwortete: »Du siehst das Leben einfach nicht als Abenteuer.«

Ich entgegnete ihr, dass einige durchaus berechtigte Sorgen mich davon abhielten, das Leben allzu abenteuerlich zu nehmen, und zählte einige davon auf. Eine meiner Ängste war, dass ich irgendwann als Obdachlose durch New York ziehen würde. Ich war in New York aufgewachsen und die Furcht vor dem Verlust meiner Wohnung hatte mich irgendwie immer begleitet, sodass sogar meine Freunde mich hin und wieder damit aufzogen.

Sie sah mich kurz an, bevor sie sich abwandte. Dann aber warf sie einen Blick über die Schulter, sah mir direkt in die Augen und meinte: »Nun, das wäre doch nun wirklich ein tolles Abenteuer.«

Wenn man es so sieht, hat sie vermutlich recht, nur wäre das nicht die Art von Abenteuer, die ich mir freiwillig aussuchen würde. Doch ihre Art, die Dinge zu sehen, ist typisch für die Geister in der nicht-alltäglichen Wirklichkeit. Sie betrachten das menschliche Leben als unglaubliches Ereignis, bei dem sich uns zahlreiche Gelegenheiten bieten, etwas zu lernen. Sogar die merkwürdigsten Umstände bieten uns schließlich die Möglichkeit, an ihnen zu wachsen.

Warum-Fragen sind mitunter ganz gut, werden häufig allerdings nicht direkt beantwortet. Wenn Sie zum Beispiel fragen: »Warum musste meine Frau bei diesem Autounfall sterben?«, erhalten Sie vermutlich keine klare Antwort. Manche Dinge gehören zu den großen Geheimnissen des Lebens. Sie können nicht beantwortet werden und es ist nicht an uns, sie zu begreifen. Das soll aber nicht heißen, dass Sie keine Fragen nach dem Warum der Dinge stellen dürfen. Wir sollten dabei nur im Hinterkopf behalten, dass die Antworten auf solche Fragen bestimmten Einschränkungen unterliegen.

Auch auf Fragen nach dem genauen Zeitpunkt bestimmter Ereignisse sind kaum je klare Antworten zu bekommen.

Vergessen Sie nicht, dass Sie außerhalb der Zeit reisen. Die Zeit nimmt in der nicht-alltäglichen Wirklichkeit eine andere, oft recht geheimnisvolle Bedeutung an. Aus diesem Grund sind Vorhersagen häufig so ungenau, wenn es um den exakten Zeitpunkt geht. Dasselbe gilt für Fragen nach einer bestimmten Entwicklung.

Wie kann ich meine Reise deuten?

Manchmal liegt die Bedeutung der erhaltenen Botschaft klar auf der Hand, doch in den meisten Fällen erhalten wir unsere Antworten in der Sprache der Symbole, die unter Umständen nicht so leicht zu deuten ist. Da es im Schamanismus immer um die direkte Erfahrung geht, kann niemand außer Ihnen Ihre Reise interpretieren.

Hier einige Vorschläge für den Fall, dass Sie mit einem bestimmten Symbol oder einer Metapher nicht weiterkommen. Stellen Sie weitere Fragen über das, was während der Reise geschehen ist, und achten Sie darauf, ob Sie neue Informationen bekommen. Zum Beispiel: »Was hat die Sonne mit meiner Frage zu tun?« Oder: »Was sagt die Landschaft, die ich gesehen habe, im Hinblick auf mein Problem aus?« Arbeiten Sie mit den Elementen, deren Bedeutung Ihnen klar ist, um mehr über die anderen herauszufinden. Versuchen Sie es mit Tagebuchschreiben oder lassen Sie einfach Ihrer Stimme und Ihren Gedanken freien Lauf.

Sprechen Sie aus, was immer Ihnen einfällt. Auf diese Weise enthüllt unsere Psyche uns mitunter die richtige Antwort. Manchmal ist es einfach nur der Prozess des Nachdenkens über die übermittelten Botschaften, der Klarheit bringt.

Wenn Sie gar nicht weiter kommen, unternehmen Sie eine weitere Reise und bitten Sie Ihre Helfer darum, Ihnen Informationen zukommen zu lassen, die leichter anwendbar sind.

Denke ich mir meine Reisen denn nur aus?

Das größte Problem, das Menschen, die sich zum ersten Mal mit dem Schamanismus beschäftigen, meist haben, ist die Frage, ob sie sich das alles nur ausdenken. Dahinter steht die Furcht, die auf der Reise gemachten Erfahrungen seien nur das Produkt ihrer Einbildungskraft und daher letztlich belanglos.

Die meisten Menschen, die dieses Buch lesen, sind wohl in einer Gesellschaft aufgewachsen, die ihnen beigebracht hat, dass Dinge, die nicht greifbar sind, auch nicht existieren. Nur wenn wir etwas sehen, hören, fühlen, schmecken und riechen können, billigen wir ihm Realitätsstatus zu. Der ganze Rest wird als Einbildung abgestempelt. Nach Jahren und Jahrzehnten, in denen unsere Wirklichkeitswahrnehmung sich nur am Greifbaren orientierte, ist es wohl zumindest verwirrend, wenn jemand Ihnen plötzlich sagt, Sie könnten in eine nicht-alltägliche Wirklichkeit reisen, um dort Ratschläge von unsichtbaren Geistern zu empfangen. Daher stellt sich fast jeder, der mit dem schamanischen Reisen anfängt, diese Frage.

Dabei haben viele von uns schon als Kinder positive Erfahrungen mit liebevollen Wesen in der unsichtbaren Welt gemacht. Doch mit dem Erwachsenwerden lernten wir, nur an die physische Realität zu glauben. Und so ging unsere Verbindung zur unsichtbaren Welt langsam, aber sicher verloren.

Die meisten Menschen aber empfinden das Bedürfnis, diese Verbindung wiederherzustellen, weil wir ja schließlich mit allem sichtbaren und unsichtbaren Leben vernetzt sind. Tief in sich weiß jeder von uns, dass das Leben mehr für uns bereithält als materielle Besitztümer, gesellschaftliche Konventionen und die Erfahrungen unserer fünf Sinne.

Vor einigen Jahren hielt ich ein Einführungsseminar in die Technik des schamanischen Reisens, bei dem die Frage, ob es sich dabei um »Einbildung« handelte, ganz besonders im Vordergrund stand. Immer und immer wieder fragten einzelne Teilnehmer mich auf die eine oder andere Weise, ob sie sich das alles nur ausdenken würden. In einer der Pausen kam eine brasilianische Teilnehmerin auf mich zu und drückte ihr Erstaunen darüber aus, dass diese Frage die Kursteilnehmer so sehr bewegte. Sie selbst war in einer Kultur groß geworden, in der Geistwesen als etwas Selbstverständliches galten, und so stellte sich ihr die Frage, ob die Helfer »echt« oder »wirklich« waren, erst gar nicht. Aber denken Sie daran: Meine Eltern sprachen beim Abendessen auch nicht über Krafttiere und Schutzgeister. Und das gilt wohl für die meisten Teilnehmer meiner Workshops!

Meiner Erfahrung nach ist der beste Weg, um den »Wirklichkeitsgehalt« Ihrer schamanischen Reisen zu überprüfen, ein strenger Blick auf die Resultate, die sie erbringen. Wenn Sie das schamanische Reisen zu einer regelmäßig angewandten Methode machen, werden Sie sehr bald merken, dass es Ihnen viele Vorteile bringt, wenn Sie die erhaltenen Ratschläge umsetzen. Vergessen Sie nicht, dass der Schamanismus sich immer schon am Ergebnis orientierte. Auf diese Weise können Sie Ihre Resultate ständig kontrollieren. Stellen Sie sich ohne Vorbehalte der entscheidenden Frage: »Erhalte ich Informationen, die mein Leben positiv beeinflussen?«

Wenn Sie sehen, welche Ergebnisse Sie erzielen, beruhigt sich auch Ihr Verstand und die Frage, ob das, was Sie beim schamanischen Reisen erleben, wirklich ist oder nicht, wird Sie nicht mehr weiter ablenken. Kämpfen Sie allerdings während des Reisens gegen Ihren Verstand an, dann ist die Wahrscheinlichkeit groß, dass Sie sich in diesen inneren Streitgesprächen verfangen und keinerlei klare Information mehr erhalten. Wenn mein Verstand beim Reisen dazwischenfunkt, gebe ich ihm einfach Recht und lasse mich weiter nicht stören. Ich würde Ihnen also empfehlen, der Methode einfach eine Chance zu geben und sie längere Zeit anzuwenden, damit Sie sehen können, welche Resultate sie erbringt. Das stellt gewöhnlich auch unser begriffliches Denken zufrieden.

Gerade in unserer Kultur denkt man häufig nicht daran, dass spirituelle Praxis auch etwas damit zu tun hat, »sich das Leben leichter machen«. Wir nehmen die Dinge generell viel zu ernst und setzen uns viel zu stark unter Druck. Traditionelle Heiler und Schamanen lachen viel. Wenn wir mit zu viel Ernst an unsere Reisen und unser Leben herangehen, schneiden wir uns vom kreativen Potenzial ab. Lernen Sie also, über sich selbst zu lachen und Spaß an Ihrer Praxis zu entwickeln. Mit der Zeit werden Sie selbst herausfinden, dass die Helfer einen feinen Sinn für Humor haben und immer versuchen, Ihnen mehr Leichtigkeit zu vermitteln.

Als ich mit dem schamanischen Reisen begann, versuchte mein Krafttier, mir mit witzigen Szenen beizubringen, wie ich die richtigen Fragen stellen sollte. Ich erinnere mich noch gut an eine Reise in die Untere Welt, die ich zu meinem Krafttier unternommen hatte. Als ich in den Kiefernwald kam, in dem es lebt, trug es eine schicke Kellner-Uniform mit makellos weißen Handschuhen. Es führte mich zu einem kleinen, runden Tisch mit blütenweißem Tischtuch und einer kleinen Vase voller Blumen. Dann zog es den Stuhl zurück, ließ mich Platz nehmen und reichte mir die Speisekarte. Ich öffnete sie und war bass erstaunt, als ich sah, was sie enthielt: zwei Reihen mit Fragen. Mein Krafttier versuchte mir mitzuteilen, dass die Frage, die ich stellen wollte, nicht die richtige war. Dabei hatte ich ihm noch gar nicht gesagt, was ich fragen wollte. Offenkundig kannte es meine Absicht, noch bevor ich sie kundgetan hatte. Dann erklärte es mir, dass ich doch bitteschön die Fragen von der Speisekarte stellen solle. Es sei mir erlaubt, eine der Fragen von Menü A und eine von Menü B zu stellen. Ist dies nicht ein wundervolles Beispiel, wie die Helfer uns mit Humor einen mehr spielerischen Umgang mit der nicht-alltäglichen Wirklichkeit beizubringen versuchen, sodass wir unserer Praxis leichteren Herzens nachgehen können?

Was muss ich beim Reisen alles beachten?

Viele Menschen zeigen sich besorgt darüber, ob sie auch »korrekt« reisen. Doch es gibt keinen »richtigen« Weg des Reisens. Welche Erfahrungen Sie auch immer machen mögen, sie sind ganz sicher die richtigen – für Sie persönlich. Sie sollten lernen, Ihre einzigartige Erfahrungswelt zu schätzen. Das braucht vielleicht ein wenig Zeit und Geduld, doch am Ende werden Sie feststellen, dass sich das wirklich lohnt.

Ein weiteres Problem ist der häufig geäußerte Wunsch, man möge doch etwas »sehen«. Leider werden die anderen Sinnesorgane dabei meist außer Acht gelassen. Versuchen Sie ganz bewusst, in der nicht-alltäglichen Wirklichkeit Ihre anderen Sinne zu schärfen. Wenn Sie nichts sehen, achten Sie darauf, was Sie hören, fühlen, schmecken oder riechen. Entspannen Sie sich und nehmen Sie Informationen einmal anders auf als üblich.

Ich habe bereits erwähnt, dass wir in unserer Kultur dazu neigen, die Geschehnisse auf schamanischen Reisen sehr wörtlich zu nehmen. Das aber kann die Bedeutung der Reise nachhaltig verändern. Halten Sie nach der symbolischen Bedeutung Ausschau. Erweitern Sie Ihren Blickwinkel, sodass Sie das große Ganze wahrnehmen, das die Geister Ihnen zeigen wollen.

Viele Reisende klagen, dass ihr Geist während der Reise einfach nicht zur Ruhe komme. Das ist häufig so: Sobald wir etwas für unsere spirituelle Seite tun, fängt der Verstand an zu schnattern und lenkt uns ständig ab. Wir fragen uns, was wir wohl morgen ins Büro anziehen werden, was es heute zum Mittagessen geben mag oder machen lange Listen von all den Dingen, die wir noch zu tun haben.

In diesem Fall wiederholen Sie im Geist immer wieder die Zielsetzung Ihrer Reise. Das bringt Sie wieder »auf Kurs«, sodass Sie weitermachen können. Außerdem sollten Sie in diesem Fall möglichst zu einer Tageszeit reisen, in der Ihr Kopf noch nicht so voll ist. Dann werden Sie nicht so leicht abgelenkt. Günstig ist es auch, vor der Reise ein wenig zu tanzen oder zu singen. Das beruhigt den Geist und bringt uns in den Herz-Raum, von dem aus wir reisen können.

Sie können diese körperlichen Aktivitäten auch während der Reise ausführen: Tanzen oder singen Sie Ihre Reise. Ich persönlich rassle für mich und singe meine Reisen laut vor mich hin. Wenn das Geschnatter im Kopf nicht aufhören will, trommle ich, was die Reiseerfahrung noch zu vertiefen scheint. In traditionellen schamanischen Kulturen reist der Schamane häufig für seine Gemeinde, indem er tanzt, singt und rezitiert. Alles, was ihm auf Reisen widerfährt, wird so von der Gemeinschaft geteilt. Er berichtet, was die Gruppe in der anderen Wirklichkeit gerade tut, wohin sie reist, welche Geister sie trifft, welche Botschaften ankommen und welche Heilvorgänge stattfinden. Sie können während des Reisens auch tanzen oder sich frei bewegen, wenn dies Ihre Konzentration fördert.

Wann soll ich reisen?

Am besten ist es, Sie reisen dann, wenn Sie konkrete Fragen haben oder Hilfe brauchen. Gerade Einsteiger finden das Reisen häufig recht aufregend und machen eine schamanische Reise nach der anderen. Doch Vorsicht: Wenn Sie viele Reisen machen und noch mehr Notizen dazu anhäufen, ohne die erteilten Ratschläge in die Praxis umzusetzen, wird Ihnen diese Methode wenig nützen. Spirituelle Informationen zu sammeln, ohne sie in unser Leben einzubauen, ist sinnlos.

Wie häufig Sie am besten reisen, wird sich mit der Zeit herausstellen. Außerdem bleibt dies ja auch nicht immer gleich. Es gibt Zeiten, in denen wir lange brauchen, um die erhaltenen Informationen praktisch umzusetzen, und andere, in denen dies sehr schnell geht, sodass wir schon bald bereit für eine neue Reise sind.

Haben wir es mit bestimmten körperlichen oder seelischen Problemen zu tun, müssen wir mitunter mehrmals reisen, bevor wir eine Veränderung bemerken. Erhalten Sie persönlich keine brauchbaren Informationen, sollten Sie Hilfe von außen erbitten. Wenn wir zu aufgewühlt sind und bestimmte Erwartungen bezüglich der Resultate hegen, dann stehen wir uns selbst im Weg, was bedeutet, dass wir die Botschaften nicht mehr klar aufnehmen können. Dasselbe gilt, wenn es um Menschen geht, die wir sehr lieben.

In solchen Fällen sollten Sie eine Person Ihres Vertrauens bitten, für Sie auf Reisen zu gehen.

Wenn ich ein Buch schreibe oder an einem anderen schöpferischen Projekt arbeite, reise ich viel. Meine Helfer erweisen sich während des Schreibvorgangs als dauerhafte Quelle der Inspiration. Ich rate Ihnen daher, dass Sie vor Beginn eines Projektes in die nicht-alltägliche Wirklichkeit reisen und um einen Begleiter bitten, der bereit ist, Sie bei Ihrem Vorhaben zu unterstützen.

Machen Sie sich klar, dass auch Ihre schamanische Reise-Praxis vielen Veränderungen unterworfen ist. So können die Eindrücke auf Ihren Reisen wochen- und monatelang stark und klar sein, und dann folgt plötzlich eine Zeit, in der Sie beim Reisen keinerlei Information erhalten. Auch das ist normal – und kann ebenso einige Wochen oder Monate andauern.

Wir alle sind Teil der Natur, und die Natur lebt in Zyklen, denen auch wir unterworfen sind. In unserer Kultur sind wir daran gewöhnt, immer »im Dienst« zu sein. Wir versuchen die Regenerations-Zyklen, die zum schöpferischen Tätigsein nötig sind, möglichst zu umgehen. Aber keine Pflanze blüht 365 Tage im Jahr. Manchmal bewegen sich die Dinge in uns und etwas wächst und keimt, ohne dass es nach außen sichtbar wird. In solchen Zeiten können wir zwar meist für andere reisen, doch was uns betrifft, so bleibt der Vorhang vielleicht tatsächlich für eine Weile geschlossen. In diesem Fall sollten Sie nicht mit Frustration reagieren. Glauben Sie nicht, Ihre Helfer hätten Sie im Stich gelassen. Sie helfen Ihnen immer noch – wenn auch nicht auf sichtbare Weise. Reisen Sie weiter. Machen Sie sich von Zeit zu Zeit bemerkbar. Am Ende werden Ihre Reise-Eindrücke wiederkehren und sich von neuem als stark und klar erweisen.

Woher weiß ich, wann ich in die Obere oder in die Untere Welt reisen soll?

Meiner Erfahrung nach fühlen die meisten Menschen sich eher zu der einen oder zu der anderen Welt hingezogen. Einige reisen ganz leicht in die Untere Welt und finden den Zugang zur Oberen Welt nur unter Schwierigkeiten. Andere wiederum machen die gegenteilige Erfahrung. Viele Menschen reisen in beiden Welten gleich gern. Häufig ändert sich das auch, je nachdem, an welchem Lebensthema wir gerade arbeiten. Auch Ihre Art zu reisen wird sich verändern und damit Ihre liebsten Orte in der nicht-alltäglichen Wirklichkeit. Wichtig ist hier nur, dass wir anpassungsfähig und flexibel bleiben.

Die Erfahrung wird Sie lehren, dass Krafttiere und Lehrer in der Regel auf irgendeinen Themenbereich »spezialisiert« sind. Sie werden lernen, wen Sie bei welcher Gelegenheit fragen können. In meiner eigenen Praxis steht mein Krafttier mir sowohl bei persönlichen Fragen als auch für die Probleme meiner Klienten zur Verfügung. Die Informationen, die ich von meinen Lehrern erhalte, beziehen sich dagegen meist auf meine Bücher oder auf Themen von übergeordneter Bedeutung. Andere schamanisch Praktizierende nutzen die Beziehung zum Lehrer für ihre Arbeit mit den Klienten. Wenn Sie das Reisen zur regelmäßigen Übung machen, werden Sie bald herausfinden, welches Tier und welcher Lehrer Ihnen auf welche Fragen antwortet. Die einzelnen Helfer haben ihre »Spezialgebiete«. Doch auch wenn Sie diese herausgefunden haben, ist es sinnvoll, noch andere Helfer zum selben Thema zu befragen. Sie können verschiedene und wertvolle Perspektiven aufzeigen.

Im Laufe der Jahre können andere Figuren zu Ihrem Krafttier oder zu Ihrem Lehrer werden. Selbst wenn Sie jahrelang mit ihnen gearbeitet haben, so können sich andere Helfer einstellen, wenn Sie neue Fragen stellen oder eine ungewohnte Form der Hilfe brauchen.

Während der Reisen können Sie problemlos zwischen den Welten hin und her wandern. Wenn Sie also in der Unteren Welt reisen, sich dann aber das Gefühl einstellt, dass Sie doch lieber nach oben gehen sollten, dann folgen Sie Ihrem Impuls. Und natürlich können Sie auch von der Oberen jederzeit in die Untere Welt wandern. Auch Krafttiere und Lehrer können zwischen den drei Welten reisen. Es gibt keinerlei Grenzen. Sie können sich überall hinbegeben, um dort alle Wesen zu treffen, denen Sie begegnen möchten.

Achten Sie trotzdem auf überraschende Elemente auf Ihren Reisen. Häufig bieten sich uns Geister als Helfer an, die wir nicht erwartet hätten. Information und Hilfe kommt manchmal auf ungewohnten Wegen daher. Vor allem diese überraschenden Ereignisse sind es, die den schamanischen Pfad für mich seit mehr als 20 Jahren so interessant machen.

Ihre schamanische Arbeit ist nie zu Ende. Je mehr Zeit Sie ihr widmen, desto tiefer geht sie. Der Schlüssel liegt darin, in Ihrer Praxis fortzufahren und eine innige und vertrauensvolle Beziehung zu Ihren Helfergeistern zu entwickeln. Das wird Ihnen mit der Zeit ohnehin ganz natürlich vorkommen.

Lassen Sie Ihre Reiseerfahrung spontan fließen. Stehen Sie dieser organischen Entwicklung nicht im Wege. Erkunden Sie die verschiedenen Ebenen der Unteren und Oberen Welt. Seien Sie bereit, wenn neue nützliche Helfer zu Ihnen kommen. Wagen Sie das Abenteuer! Öffnen Sie sich für die Liebe, Weisheit und Heilkraft, die das Universum durch die Geister mit Ihnen teilen möchte. ☯

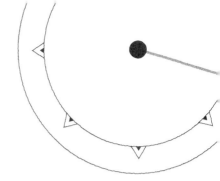

Ihre erste schamanische Reise

In diesem Kapitel stelle ich Ihnen das Grundmodell dreier verschiedener Reisen vor, die Sie nacheinander ausprobieren sollten. Dies ist Ihr Einstieg in die individuelle Reisepraxis.

Reise in die Untere Welt

Ihre erste Reise wird Sie in die Untere Welt führen, wo Sie Ihr Krafttier kennen lernen und eine Beziehung zu ihm aufbauen. Stellen Sie sich zuerst einen Ort in der Natur vor, den Sie aus der alltäglichen Wirklichkeit kennen. Dort sollte sich eine natürliche Öffnung befinden, die Sie in die Erde führt. Das kann ein Baumstamm sein, durch dessen Wurzeln Sie nach unten reisen, aber auch ein Vulkankrater, ein Erdloch, eine Höhle, ein See, Fluss oder Wasserfall. Wie bereits gesagt, können Sie sich auch gerne einen Fahrstuhl oder einen U-Bahn-Tunnel vorstellen, wenn das besser funktioniert.

Nun sehen Sie sich selbst in die Öffnung eintauchen. Dahinter tut sich ein irgendwie gearteter Übergang auf, meist ein Tunnel oder ein langer Gang. Folgen Sie ihm, bis Sie auf der anderen Seite wieder ans Licht kommen. Nun stehen Sie in der Unteren Welt. Wie sieht die Landschaft aus? Können Sie in der Nähe irgendwo ein Tier erkennen?

Wenn sich ein Tier einstellt, fragen Sie: »Bist du mein Krafttier?« Mit dieser einfachen Ja-oder-Nein-Frage testen Sie gleichzeitig, wie Ihr Tier mit Ihnen kommunizieren möchte. Es kann telepathisch antworten. Möglicherweise führt es Sie aber auch an einen anderen Ort, an dem eine für Sie bestimmte Botschaft wartet. Wenn Sie jetzt schon Ihrem Krafttier gegenüberstehen, versuchen Sie, die Beziehung zu ihm zu vertiefen: Bitten Sie es, Ihnen diese Ebene der Unteren Welt zu zeigen. Oder fragen Sie, welche besonderen Lehren es Ihnen zu geben hat oder was Sie aus dieser Beziehung mitnehmen können. Ist das Tier allerdings nicht Ihr Krafttier, dann wandern Sie einfach weiter, bis Sie ein Tier treffen, das auf Ihre Frage mit Ja antwortet.

Bleiben Sie bei Ihrem Krafttier, bis die Trommel Sie zurückruft. Wollen Sie zurückkehren, bevor die Trommel das Signal gibt, gehen Sie denselben Weg wieder zurück, den Sie gekommen sind, bis Sie in dem Raum ankommen, in dem Sie sitzen oder liegen und der Trommel-CD lauschen. Öffnen Sie die Augen und schalten Sie die Musik ab.

Wenn Ihre individuelle Erfahrung nicht zu dem Grundschema passt, das ich hier vorstelle, folgen Sie Ihrer Erfahrung und schieben Sie das Modell beiseite. So gibt es Menschen, die nicht durch einen Tunnel müssen, um in die Untere Welt zu gelangen. Andere treffen dort einen Lehrer und kein Krafttier. Schränken Sie Ihre persönliche Erfahrung nicht ein, damit sie in den von mir vorgegebenen Rahmen passt. Dieser soll nur eine allgemeine Richtschnur für den Anfang bieten. Ansonsten sollten Sie Ihrer Erfahrung folgen, denn sie ist einzigartig und nur für Sie bestimmt.

Wenn Sie tiefere Ebenen der Unteren Welt kennen lernen wollen, halten Sie nach weiteren Öffnungen Ausschau. Es gibt unterhalb der Ebene, auf der wir ankommen, noch viele andere Bereiche der Unteren und der Oberen Welt. Wenn Sie diese erkunden möchten, gehen Sie genauso vor wie zu Anfang der Reise: Sie suchen neue Eingänge, die Sie immer tiefer in die Erde führen.

Reise in die Mittlere Welt

Bevor Sie mit Ihrer Reise in die Mittlere Welt beginnen, sollten Sie sich genau überlegen, welche Ziele Sie damit verfolgen.

Eine Reise in der Mittleren Welt führt uns durch die Landschaft unserer alltäglichen Wirklichkeit, auch wenn diese sich von dem, was wir sehen, wenn wir unser Heim verlassen, erheblich unterscheiden kann. Zunächst einmal werden Sie dabei auf die unsichtbaren Geister stoßen, die dieses Stück Erde mit Ihnen teilen. Das können die Geister des Landes sein, aber auch die der Felsen, Bäume und Tiere, die dort zu Hause sind. Außerdem werden Sie feststellen, dass Sie sich ungeheuer schnell durch den Raum bewegen, weil Sie ja nicht mehr durch Ihren materiellen Körper eingeschränkt sind.

Wenn Sie in die Mittlere Welt reisen wollen, stellen Sie sich vor, wie Sie Ihre Wohnung verlassen und den Raum durchmessen, um ein verlorenes Objekt wiederzufinden oder sich an einen Ort zu begeben, mit dem Sie immer schon Kontakt aufnehmen wollten. Die Kommunikation mit den Natur- und Elementargeistern (die Geister der Elemente Wasser, Luft, Erde und Feuer) der Mittleren Welt kann uns vieles lehren.

Oder Sie machen eine Reise zur Sonne, zu den Sternen und den Planeten unseres Sonnensystems. Sie alle lehren uns, wie wir unser inneres Gleichgewicht wiederherstellen und im Einklang mit unseren natürlichen Rhythmen leben können. In der Mittleren Welt treffen wir außerdem Elfen, Feen, Devas und Kobolde an, die man als das »Kleine Volk« kennt. Oder die Hüter des Waldes. Solche Reisen in die Mittlere Welt führen uns in die geistigen Aspekte des Lebens um uns herum ein. Sie machen uns mit den unsichtbaren Wesen bekannt, die ständig um uns sind, auch wenn wir sie in der alltäglichen Wirklichkeit nicht wahrnehmen.

Wenn Sie das Signal zur Rückkehr vernehmen, kehren Sie auf demselben Weg, auf dem Sie gekommen sind, in den Raum zurück, in dem Sie liegen oder sitzen. Öffnen Sie die Augen und stellen Sie die CD ab. Wollen Sie die Reise früher beenden, kommen Sie einfach so in den Raum zurück, von dem aus Sie gestartet sind. Öffnen Sie die Augen und schalten Sie die Musik aus.

Reise in die Obere Welt

Ihre erste Reise in die Obere Welt soll Sie mit Ihrem Lehrer in menschlicher Gestalt bekannt machen.

Konzentrieren Sie sich also zunächst auf diese Aufgabe. Dann stellen Sie sich einen Ort in der Natur vor, der Ihnen den Aufstieg in die Obere Welt erleichtert. So könnten Sie beispielsweise einen Baum oder ein Seil hinaufklettern. Sie könnten eine Leiter besteigen oder von der Spitze eines Berges hochspringen. Vielleicht nimmt Sie auch ein Tornado oder ein etwas sanfterer Wirbelwind mit. Oder der Regenbogen bietet sich Ihnen als Brücke dar. Reisen Sie durch den Kamin. Lassen Sie sich vom Rauch nach oben tragen.

Oder suchen Sie sich einen Vogel, der Sie mitnimmt. Natürlich können Sie auch Ihr Krafttier bitten, Sie nach oben zu bringen. Sie haben die Wahl. Suchen Sie sich eine Möglichkeit aus.

Sie reisen nach oben, bis Sie irgendwann eine Grenze überwinden müssen. Das kann eine Wolke sein, aber auch eine dichte Nebelschicht. Dies ist ein klares Anzeichen dafür, dass Sie nun die Obere Welt erreicht haben. Sie befinden sich somit auf der ersten Stufe der Oberen Welt. Wenn Sie immer noch Sterne und Planeten sehen, sind Sie noch nicht angekommen. Sie wissen, dass Sie am richtigen Ort sind, wenn Sie die deutliche Empfindung einer durchlässigen Barriere haben, die Sie irgendwie überwinden müssen. Danach verändert sich die Landschaft.

Achten Sie darauf, was Ihnen dort oben begegnet. Ist dort vielleicht irgendwo eine menschliche Gestalt zu erkennen, die Sie begrüßt? Wenn ja, fragen Sie: »Bist du mein Lehrer?« Wird diese Frage mit Worten oder Gesten bejaht, dann stellen Sie Ihrem Lehrer eine Frage, die Ihnen wichtig ist. Diese Begegnung ist eine gute Gelegenheit, um Behebung eines seelischen oder körperlichen Problems zu bitten. Fragen Sie Ihre Lehrerfigur, ob sie Ihnen die Obere Welt zeigt.

Können Sie den Lehrer auf der ersten Ebene nicht entdecken, suchen Sie weiter. Erkunden Sie die weiteren Ebenen der Oberen Welt, bis Sie jemanden finden, der Ihnen klar mitteilt, dass er oder sie Ihr Lehrer ist.

Suchen Sie nach einem Weg, wie Sie auf die höheren Ebenen gelangen können. Welche Transportmöglichkeiten können Sie entdecken? Der erste Austausch von Informationen wird Ihnen zeigen, wie Ihr Lehrer mit Ihnen zu kommunizieren gedenkt. Fragen Sie ruhig nach, welche Gaben Sie zu erwarten haben.

Wenn die Trommel zur Rückkehr ruft, kommen Sie in den Raum zurück, von dem aus Sie reisen. Öffnen Sie die Augen und stellen Sie die Musik ab. Wollen Sie die Reise früher beenden, kehren Sie auf dem Weg zurück, auf dem Sie gekommen sind. Wenn Sie wieder in dem Raum sind, in dem Sie sitzen oder liegen, öffnen Sie die Augen und schalten Sie die Musik aus.

Bitte beachten Sie, dass Lehrer und Krafttiere sowohl in der Unteren als auch in der Oberen Welt leben. Daher können Sie nach Ihren ersten Reisen den Prozess ruhig einmal umkehren: Suchen Sie einen Lehrer in der Unteren Welt und ein Krafttier in der Oberen. ✿

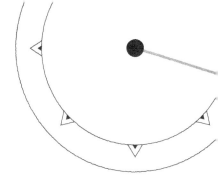

Ziel und Zweck der Reise

Reisen zur Erlangung bestimmter Informationen

EINE DER TRADITIONELLEN AUFGABEN des Schamanen war es, Botschaften für einzelne Mitglieder seines Stammes oder für die gesamte Gemeinschaft aus der anderen Welt mitzubringen. Viele schamanisch Praktizierende tun dies auch heute noch, selbst wenn nicht alle sich berufen fühlen, für andere Menschen zu reisen. Diese Menschen nutzen das Reisen in der Hauptsache, um Informationen für sich selbst einzuholen. Wenn es um Fragen zum Thema Beziehung, Gesundheit oder Arbeit geht, gibt es keine besseren Ratgeber als die eigenen Helfergeister. Auch Lektionen, die uns auf dem Weg zu innerem Wachstum unterstützen, sind eine Reise wert. Eine dementsprechende Frage könnte beispielsweise lauten: »Auf welchen Bereich meines Lebens soll ich im Augenblick meine Kräfte konzentrieren?«

Hier einige Fragen, die man auf solchen Reisen stellen kann:

- ☯ Wie kann ich meinen Körper heilen?
- ☯ Wie kann ich meine Beziehung in Ordnung bringen?

- ✴ Zeig mir bitte mein neues Leben (wenn man gerade tief greifende Veränderungen durchlebt).
- ✴ Wie kann ich mich auf ... vorbereiten?
- ✴ Was kann ich tun, um die Spannungen in meiner Familie (an meinem Arbeitsplatz) zu lösen?
- ✴ Wie kann ich meinem Partner, Angehörigen, Haustier helfen? Was kann ich für das Stückchen Erde tun, auf dem ich lebe? (Erbitten Sie immer nur Rat zu *einem* dieser Themenbereiche.)
- ✴ Wo soll ich nach einer neuen Wohnung suchen?
- ✴ Was kann ich tun, um eine neue Arbeitsstelle zu finden?
- ✴ Was werde ich lernen, wenn ich mich für ... entscheide?
- ✴ Was ist die Wurzel meiner Angst (oder eines anderen Lebensthemas)?

Wenn Sie reisen, um Informationen zu erhalten, muss die Frage, die Sie Ihrem Helfer stellen wollen, so klar wie möglich formuliert werden.

Entscheiden Sie sich zuerst, welchem Helfer Sie Ihre Frage vorlegen wollen. Dann reisen Sie zu dem Ort, an dem Sie dieses Wesen gewöhnlich treffen. Suchen Sie so viele Helfer auf, wie Sie für nötig halten, und stellen Sie allen Ihre Frage. So sieht eine Reise zum Erhalt von Informationen aus.

Ich zum Beispiel hatte früher immer ein enormes Pech mit Gebrauchtwagen. In der Autowerkstatt war ich Stammgast. Als ich die Technik des Reisens erlernt hatte, gewöhnte ich mir an, mein Krafttier zu fragen, was denn mit dem Wagen los sei. Mein Mechaniker wusste, dass ich von Autos keine Ahnung hatte. Damals konnte ich noch nicht mal ohne fremde Hilfe tanken. Als ich zum ersten Mal ankam und ihm sagte, was meiner Ansicht nach nicht stimmte, lachte er mich nur aus. Doch als ich den Wagen später abholte, sah er mich nur verdutzt an und meinte: »Sie hatten ja vollkommen Recht!«

Das ging eine Zeit lang so dahin. Immer wenn ich mit meinem Wagen vorbeikam, erzählte ich ihm, was meiner Ansicht nach kaputt war. Und jedes Mal lag ich richtig. Schließlich fragte der Mechaniker, wie ich das denn anstellte. Ich traute mich zuerst nicht, ihm zu sagen, dass auf meinen Schamanenreisen mein Krafttier auf einem dieser Wägelchen unter das Auto rollte und es untersuchte. Doch irgendwann hatte ich die Schüchternheit überwunden und sagte ihm tatsächlich die Wahrheit. Seitdem fragt er mich jedes Mal, was mein Krafttier sagt.

Meine Bekannte Barbara hatte eine Freundin, die sich klar dafür entschieden hatte, ihren Mann zu verlassen. Diese Freundin bat Barbara, für sie eine Reise zu machen: »Wo soll ich leben, wenn ich meinen Mann verlassen habe?« Überraschenderweise sah Barbara sie in der Nähe ihres damaligen Wohnortes. Aus diesem Grund bat sie eine weitere Freundin, zu diesem Thema eine Reise zu machen. Doch die zweite Reisende erhielt dieselbe Antwort, die auch Barbara aus der anderen Welt mitgebracht hatte. Also bat Barbara ihre Freundin, die Entscheidung bezüglich ihres Mannes doch noch einmal zu überdenken. Die Freundin entschied sich daraufhin, es noch einmal mit ihrem Mann versuchen zu wollen. Heute hat das Paar eine gesunde Beziehung.

Menschen, die viel Erfahrung im schamanischen Reisen mitbringen, nutzen das Reisen häufig, um Informationen für Freunde, Klienten und ihr soziales Umfeld einzuholen. Bevor Sie sich dazu bereit erklären, müssen Sie jedoch erst sicher sein können, dass Sie für sich selbst gute Resultate erzielen. Vergessen Sie nicht: Wenn traditionelle Schamanen keine Nahrungsmittelquellen erschließen konnten und nicht in der Lage waren, die Stammesmitglieder bei guter

Gesundheit zu halten, war der Stamm dem Untergang geweiht. Daher beruht die gesamte schamanische Praxis auf der ständigen Überprüfung der erzielten Resultate.

Wenn Sie so weit sind, dass Sie für Freunde, Angehörige oder andere Menschen schamanische Reisen unternehmen möchten, dann behalten Sie dabei bitte folgende ethischen Grundsätze immer im Hinterkopf. Zunächst einmal sollten Sie um Erlaubnis bitten, für jemand anderen reisen zu dürfen. Unsere Kultur verlangt von uns, anderen Menschen zu helfen – ob diese es nun wollen oder nicht. Ich dagegen glaube, dass wir die Entscheidungen anderer respektieren müssen. Jeder von uns hat seine eigene Art zu lernen, zu wachsen und gesund zu werden. Menschen entwickeln sich erst, wenn sie dazu bereit sind. Man kann seinen Mitmenschen die Heilung nicht aufzwingen. Und Information ist eine Form der Heilung. Warten Sie also, bis Sie um Hilfe gebeten werden, bevor Sie sich ins Leben anderer einmischen. Wenn der Heilvorgang erfolgreich sein soll, dann muss der Betreffende auch dazu bereit sein.

Haben Sie dagegen ein Problem mit einem Menschen, sei es im beruflichen oder im privaten Bereich, dann sollten Sie auf der Reise nicht fragen: »Welches Problem hat diese Person?« Auf diese Weise würden Sie unerlaubterweise einen Blick in ein anderes Leben werfen, eine Art Spionage mit Hilfe der nicht-alltäglichen Wirklichkeit. Ich würde stattdessen auf einer Reise lieber folgende Fragen stellen: »Wie kann ich diese Beziehung in Ordnung bringen? Wie kann ich mein Verhalten oder meine Sichtweise ändern, um diese Situation positiv beeinflussen zu können? Was kann ich daraus lernen?« Der Schlüssel zu jeder erfolgreichen Reise ist, sich auf sich selbst zu konzentrieren statt den Blick darauf zu richten, was mit anderen geschieht – zumindest wenn Sie nicht darum gebeten wurden.

Eine einzige Ausnahme zu diesem Grundsatz gibt es. Als praktizierende Psychotherapeutin habe ich mitunter die Technik des schamanischen Reisens genutzt, um meine Diagnose abzusichern. Wenn ich das Gefühl hatte, dass mein Klient und ich ständig um die wichtigen Themen kreisten, ohne sie auf den Punkt bringen zu können, bat ich mein Krafttier, mir zu enthüllen, worum es bei diesem Menschen im Kern denn gehe. In dieser Situation hat mein Klient mich ja zuvor m Hilfe gebeten, weil er zu mir zur Therapie kam. Und er erwartet schließlich, dass ich all meine Mittel einsetze, um ihm zu helfen. Wenn es also um »helfende« Berufe geht, so bin ich der Auffassung, dass solche Menschen schamanisches Reisen als Mittel zur Diagnose ruhig einsetzen können. Doch jemanden in der nicht-alltäglichen Wirklichkeit zu überprüfen, wenn er nicht darum gebeten hat, gilt in schamanischen Kulturen als Fehlverhalten.

Darüber hinaus sollte man die Helfer auch nicht um Heilung für jemanden bitten, der uns dazu nicht ausdrücklich ermächtigt hat. Auch hier ist es wichtig, die Grenzen zu wahren, denn in der schamanischen Praxis gibt es gewisse Verhaltensregeln.

Reisen zu Heilzwecken

In traditionellen schamanischen Kulturen kümmerte der Schamane sich um die spirituelle Dimension des Heilens, indem er für seine Klienten in die nicht-alltägliche Wirklichkeit reiste. Bei solchen Gelegenheiten reiste der Klient nicht selbst.

Da jedoch mittlerweile viele Menschen durch das schamanische Reisen ihre Helfer kennen gelernt haben, lohnt es sich durchaus, den Lehrer oder das Krafttier um Heilung zu bitten, wenn wir sie brauchen. Heilung kann vielerlei Gestalten annehmen, je nachdem, worum es im Wesentlichen geht und wie der Helfergeist normalerweise arbeitet.

Für eine Heilreise sollten Sie sich klar vor Augen halten, von welchen Beschwerden Sie geheilt werden möchten. Wählen Sie den Helfer aus, zu dem Sie gehen möchten, und reisen Sie an den Ort in der nicht-alltäglichen Wirklichkeit, an dem Sie dieses Wesen gewöhnlich treffen. Möglicherweise führt der von Ihnen angesprochene Helfer die Heilung nicht selbst aus, sondern schickt Sie zu einem anderen Helfergeist, der auf dem fraglichen Gebiet geschickter ist.

Larry zum Beispiel hatte Magenprobleme. Er hatte enorme Verdauungsschwierigkeiten, die ihm starke Schmerzen bereiteten, und hatte schon eine lange Odyssee von Arzt zu Arzt hinter sich – leider umsonst, denn keiner fand den Grund für seine Probleme heraus. Also reiste er zu seinem Lehrer, seinem Urgroßvater, und bat um Hilfe. Sein Lehrer wies ihn an, sich in seinem Haus auf den Boden zu legen. Anfangs hatte Larry das Gefühl zu schweben. Dann strömten bedingungslose Liebe und Licht durch ihn hindurch. Er fühlte einen inneren Frieden, den er bislang noch nie verspürt hatte. Als er von dieser Reise zurückkehrte, war er zum ersten Mal seit Monaten schmerzfrei. Danach machte er mehrere Reisen, um herauszufinden, wie er seine Gesundheit langfristig stabilisieren könne. Seit dieser Zeit folgt er getreulich den Anweisungen seines Urgroßvaters und führt ein dauerhaft gesundes Leben.

Da der Schamanismus mit den spirituellen Aspekten der Krankheit arbeitet, kann er problemlos mit klassischen medizinischen oder psychologischen Methoden kombiniert werden. In vielen traditionellen Kulturen arbeiten heute Schamanen und Ärzte zusammen.

Connie zum Beispiel hatte Brustkrebs. Sie entschied sich, dem Rat ihrer Ärzte folgend, für Operation und Bestrahlung. Neben dieser klassisch-medizinischen Behandlung aber reiste sie zum Kolibri, einem ihrer Helfer, und bat ihn um Hilfe. Daraufhin kombinierte sie die schamanische Arbeit mit Traumarbeit. Der Kolibri riet Connie, Fotos von ihrer Brust zu machen und sie mit heilenden Zeichen zu bemalen. Innerhalb nur einer Woche bat man sie, Workshops über diese ungewöhnliche Form der Brustkrebsbehandlung zu halten.

Dale arbeitete in einer Fabrik, wo er enorme Probleme mit einem seiner Kollegen hatte. Also fragte er auf einer schamanischen Reise sein Krafttier um Rat. Er erhielt zur Antwort, er solle zwei Steine nehmen, sie in zwei verschiedenen Farben bemalen und dann immer in der Hosentasche mit sich herumtragen. Er befolgte diesen Rat und innerhalb kürzester Zeit legten die Probleme mit dem Kollegen sich, ohne dass weitere Maßnahmen ergriffen wurden. Dies ist ein klassisches Beispiel, wie ein seltsames Ritual, das sich mit dem Verstand nicht greifen lässt, letztlich zu großen Veränderungen führt.

Eine weitere traditionelle Form der Heilung ist die Zerstückelung. Ein Tier wie der Adler oder der Bär bzw. eine Naturgewalt wie der Wind zerlegt Ihren Körper bis auf die Knochen. Alles Kranke wird herausgenommen, und Sie werden mit gesundem Körper neu geboren. Zerstückelungen kommen gar nicht so selten vor, wenn man um Heilung bittet. Das klingt zwar grausig, doch die meisten Menschen erzählen, dass diese Erfahrung von tiefem Frieden und inniger Liebe begleitet ist.

Susan zum Beispiel litt sehr unter dem Verlust eines nahen Angehörigen, also reiste sie zu ihrem Krafttier, dem Pferd, und bat um Heilung. Das Pferd rief den Bären herbei, dieser zerstückelte Susan in der nicht-alltäglichen Wirklichkeit. Er zerfetzte sie regelrecht und riss ihr das Herz aus der Brust. Dann aber gab er ihr das Herz geheilt zurück. Nach dieser Reise ging es Susan sehr viel besser.

Wird jemand auf einer schamanischen Reise zerstückelt, so kann dies auch heißen, dass er oder sie auf den spirituellen Pfad geführt wird. Unser Körper und unser Ich, die uns beide an der Verschmelzung mit dem Universum hindern, werden für kurze Zeit von uns genommen. Dadurch erkennen wir, dass wir nicht nur Körper sind, sondern ebenso geistige Wesen, die mit dem Netz des Lebens in Verbindung stehen. Wenn ein Mensch diese Einheit mit allem wirklich erfahren hat, kehrt er von der Reise häufig mit der Gabe des Heilens oder mit einer vertieften Fähigkeit zur spirituellen Arbeit zurück.

Wenn Sie eine Heilreise mit positivem Ausgang unternommen haben, möchten Sie die Reise vielleicht wiederholen, um das Ergebnis noch zu vertiefen. Haben Sie nach ihrer Reise jedoch nicht das Gefühl, wirklich geheilt zu sein, sollten Sie Kontakt mit einem anderen Praktizierenden aufnehmen. Dieser hegt keine persönlichen Erwartungen an den Ausgang und erzielt daher vielleicht ein besseres Ergebnis.

Eine andere Form der Heilreise ist die zu einem entspannenden Ort in der Oberen oder der Unteren Welt, wo wir uns vom Alltagsstress erholen können. Auch diese Reisen schenken uns viel Kraft. Setzen Sie sich Erholung zum Ziel und Sie werden ruhig und erfrischt wieder zurückkommen.

Der Schamanismus kennt noch weitere und sehr effektive Techniken zur Heilung, doch diese würden den Rahmen dieses Büchleins bei weitem sprengen. All jene, die sich dafür interessieren, kann ich nur auf die zahlreichen Workshops verweisen, in denen solche Techniken gelehrt werden. Am Ende des Buches finden Sie Kontaktadressen hierzu. ☉

Noch mehr Reisen

IM LETZTEN KAPITEL haben Sie Informationen über bestimmte Formen der schamanischen Reise erhalten. Darüber hinaus kann ich Ihnen nur raten, sich mit den Geistern der Tiere, Pflanzen, Berge, Felsen und so weiter bekannt zu machen, mit denen zusammen wir diese Erde bewohnen. Wozu die Technik des schamanischen Reisens noch dienen kann, sollen Ihnen die folgenden Hinweise zeigen. Natürlich können Sie diese Liste endlos fortsetzen.

Reisen zum Zweck der Interpretation

- Bitten Sie um Hinweise zur Traumdeutung. Fragen Sie beispielsweise: »Was muss ich in Bezug auf meinen Traum wissen?«
- Fragen Sie: »Welche Bedeutung oder Botschaft besitzt dieses Symbol, das mir auf der Reise begegnet ist und das ich nicht verstehe?«
- Reisen Sie zu der Frage: »Welche Bedeutung hat das Zeichen, das mir auf meinem letzten Spaziergang auffiel?«

◎ Fragen Sie: »Welche Lektion, welche Gabe halten diese schweren Zeiten für mich bereit?«

Reisen zur persönlichen Geschichte

◎ Bitten Sie darum, einem Ihrer Vorfahren zu begegnen.
◎ Bitten Sie um die Enthüllung der Gaben und Stärken der Ahnenlinie, zu der Sie in diesem Leben gehören. Häufig konzentrieren wir uns darauf, was wir von unseren Familien nicht bekommen haben, doch das Prinzip des Überlebens des am besten Angepassten sorgt auch dafür, dass wir die Stärken unserer Ahnen mit uns tragen. Achten Sie darauf, die Stärken der mütterlichen und väterlichen Linie zu erfragen. Vor allem für Menschen, die adoptiert wurden oder nicht viel über ihre Vorfahren wissen, ist dies ein Vorgang, der große Heilkraft in sich birgt.
◎ Bitten Sie um die Enthüllung einer Schöpfungsgeschichte. Schöpfungsmythen zeigen uns, wie wir und die Welt um uns herum geschaffen wurden.
◎ Bitten Sie um eine Begegnung mit einem verstorbenen Angehörigen, sodass Sie sich mit diesem Menschen richtig aussprechen und alles sagen können, was bis zu dessen Tod ungesagt blieb. Auf diese Weise können Sie Ihre Gefühle gegenüber den Verstorbenen klären.

Reisen zur Wiederherstellung von Harmonie und Gleichgewicht nach spirituellen, psychologischen oder medizinischen Eingriffen

◎ Unternehmen Sie eine Reise zu der Frage: »Was muss ich in meinem Leben verändern, um auf lange Sicht ge-

sund zu bleiben und meinen Heilprozess zu unterstützen?«
- Fragen Sie: »Wie kann ich meine schöpferische Energie nutzen, um eine positive Gegenwart und Zukunft für mich zu schaffen?«
- Stellen Sie den Helfern die Frage: »Was bringt Sinn und Leidenschaft in mein Leben zurück?«
- Fragen Sie: »Welche einfachen Techniken kann ich tagsüber anwenden, um die Energie meiner Wut, Angst, Traurigkeit oder Frustration in etwas Positives zu verwandeln?«
- Bitten Sie um die Beantwortung der Frage: »Gibt es in meinem Leben einen Mythos, der mir nicht mehr länger dienlich ist?«

Reisen zur Stärkung unserer Beziehung zur Natur

- Reisen zur Begegnung mit der Natur
- Reisen Sie, um einen Kristall oder ein anderes Objekt näher kennen zu lernen und etwas über seine besonderen Kräfte zu erfahren.
- Reisen Sie zum Geist der Gegend oder Stadt, in der Sie leben, und lassen Sie sich in seine Energie einführen. Sie können zum Geist Ihres Wohnorts reisen, aber auch jeden anderen Ort wählen, über den Sie mehr wissen wollen.
- Reisen Sie zum Mond, um seine Zyklen und ihre Auswirkungen auf Natur und Körper kennen zu lernen.
- Fragen Sie, wie die einzelnen Jahreszeiten sich auf Sie auswirken.
- Reisen Sie um herauszufinden, wie Sie Ihr Leben so ordnen können, dass es im Einklang mit den Rhythmen der Natur steht.

Reisen zu sozialen Themen

⊙ Reisen Sie, um einen Konflikt mit einem Angehörigen, Freund, Partner oder Kollegen zu lösen.
⊙ Reisen Sie, um das Krafttier Ihrer Firma kennen zu lernen. Bitten Sie das Krafttier, Harmonie und Ausgeglichenheit in Ihrem Arbeitsumfeld zu stärken.
⊙ Reisen Sie, um Hilfe bei schöpferischen Vorhaben zu erbitten.
⊙ Suchen Sie das Krafttier Ihrer Partnerschaft, Ihrer Familie auf.
⊙ Reisen Sie, um mehr über die Macht der Worte zu erfahren. Bitten Sie um Informationen darüber, wie das, was wir täglich sagen, Heilung und Frieden fördern kann.
⊙ Reisen Sie um herauszufinden, wie Sie ein soziales Problem lösen können.
⊙ Bitten Sie um Informationen, wie Sie der Gemeinschaft dienen oder die globalen und ökologischen Probleme angehen können.

Entdeckungsreisen

⊙ Reisen zur Erkundung der verschiedenen Ebenen der Unteren und Oberen Welt
⊙ Reisen Sie, um Ihre verschiedenen Hilfsgeister auf diesen Ebenen kennen zu lernen und zu erfahren, was Sie von ihnen lernen können. ⊙

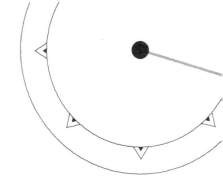

Schamanisches Reisen für die Gemeinschaft

MITTLERWEILE GIBT ES AUF DER GANZEN WELT Gruppen, die sich regelmäßig zum schamanischen Reisen treffen. Der Austausch der individuellen Erfahrungen in der Gruppe vermittelt den Menschen ein starkes Gefühl der Zusammengehörigkeit. Außerdem verstärkt sich das Erleben gewöhnlich, wenn man zu mehreren reist. In den meisten Gruppen reist man sowohl, um Antworten auf persönliche Fragen zu finden, als auch für andere Gruppenmitglieder. Wenn Sie andere Gruppenmitglieder bitten, für Sie zu reisen, erhalten Sie häufig hilfreiche, neue Informationen, die Ihnen selbst nicht zugänglich waren.

Manche Gruppen reisen auch kollektiv, um Antwort auf Fragen zu erhalten, die aktuelle Ereignisse oder globale Themen betreffen. Dabei geht es beispielsweise um die Frage, wie wir als Einzelpersonen dem Klimawandel begegnen können, oder um allgemeine soziale Probleme. Viele Gruppen bitten auch um ein gemeinschaftliches Ritual zur Feier des jahreszeitlichen Wechsels oder der einzelnen Mondphasen. Dabei erhält gewöhnlich jedes Gruppenmitglied einen Teil der Information. Gemeinsam flicht man sie dann zu einem großen Ganzen zusammen. Dieser Prozess bezieht die gesamte Gruppe ein. Unter den erhaltenen Antworten gibt es meist Ähnlichkeiten und Übereinstimmungen, die auf Punkte von besonderer Bedeutung verweisen.

Viele Menschen berichten, dass Ihnen das Reisen in der Gruppe einmal pro Woche fast zu viel ist, obwohl sie die Technik im Allgemeinen begeistert anwenden. Am besten scheint es zu klappen, wenn sich die Gruppe zwei Mal im Monat trifft. Dann sind die meisten Mitglieder auch wirklich da. Die Gruppen, die am längsten zusammen sind, reisen meist nicht nur auf individueller Basis, sondern auch für andere Gruppenmitglieder sowie für die Gemeinschaft und die Welt. Diese Gruppen entwickeln einen starken Zusammenhalt und werden zu Keimzellen, in denen sich individuelle Schwierigkeiten ebenso bearbeiten lassen wie Probleme, die die ganze Gruppe betreffen.

Nichtsdestotrotz möchte ich alle warnen, die in der Gruppe reisen wollen. Vergleichen Sie die Informationen, die Sie erhalten, nie mit denen anderer Gruppenmitglieder. Daraus entsteht häufig ein Gefühl von Neid. Einzelne Reisende wünschen sich, ihre Erfahrungen mögen doch mehr so sein wie die des Nachbarn. Es ist von allergrößter Bedeutung, dass Sie Ihren eigenen Stil zu schätzen wissen und den anderer respektieren. Die Vorstellung, ein bestimmtes Reiseerlebnis sei hochrangiger als ein anderes, ist absurd.

Wenn Sie mit dem Reisen gerade erst beginnen, können Sie das Programm in diesem Buch mit Freunden durcharbeiten. Dann haben Sie bereits eine »Reisegruppe«. Machen Sie Ihre persönlichen Reisen und treffen Sie sich alle zwei Wochen mit Ihren Freunden zur Gruppenreise.

Das schamanische Reisen ist eine sehr kraftvolle Methode, Heilung und Rat in unser Leben zu holen. Mit Hilfe unserer Geister können wir ein Leben voller Sinn, Freude und Leidenschaft führen. Es lässt uns aus der Verzauberung erwachen, sodass wir erkennen, dass wir eben nicht nur Materie sind. Wir nehmen den Tanz des Lebens auf und wiegen uns zu den Rhythmen seiner Musik. Unser bisheriges Leben, das von der Angst ums Überleben geprägt war, streifen wir ab wie eine alte Haut und beginnen, uns langsam auszudehnen und zu wachsen.

Wir fühlen uns von der Wärme der Geister und des Universums umhüllt. Öffnen Sie Ihr Herz für Liebe, Weisheit und Heilkraft, die sie für uns bereithalten. Auf diese Weise ändert sich nicht nur Ihr eigenes Leben, denn der Wandel im Bewusstsein, den das schamanische Reisen allmählich herbeiführt, transformiert schließlich die ganze Welt. ☯

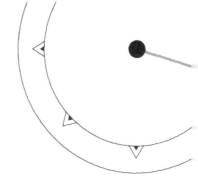

Kontaktadressen

Artikel von Sandra Ingerman und die aktuellen Termine ihrer Workshops finden Sie unter:
www.sandraingerman.com

Sandra Ingermans Kolumne „The Transmutations News", die monatlich erscheint, finden Sie unter:
www.sandraingerman.com

Eine Liste schamanischer Lehrerinnen und Lehrer in Deutschland, Österreich und der Schweiz finden Sie unter:
www.shamanicteachers.com

- ☯ Reisen Sie zu einem stehenden oder fließenden Gewässer, um sich über seine Kraft zu informieren.
- ☯ Reisen Sie zu den Sternen, um von ihnen zu lernen.
- ☯ Reisen Sie zum Geist der Insekten oder Nagetiere, die Ihr Haus oder Ihren Garten als Heimstatt gewählt haben und verhandeln Sie mit ihnen.
- ☯ Reisen Sie, um von den Wettergeistern zu lernen.
- ☯ Reisen Sie zu den Geistern der Elemente Erde, Wasser, Feuer und Luft.
- ☯ Reisen Sie, um etwas über die Macht der Sonne und das Bedürfnis aller Wesen zu erfahren, sich mit ihrem Licht zu stärken.

Reisen, um Zeremonien und Rituale zu schaffen und durchzuführen

- ☯ Bitten Sie um ein Ritual, mit dessen Hilfe Sie Angst, Zorn oder schöpferische Blockaden auflösen können.
- ☯ Fragen Sie nach einem Ritual, das Ihnen hilft, einen Wunsch oder Traum Wirklichkeit werden zu lassen.
- ☯ Fragen Sie die Helfer um eine Zeremonie, mit der Sie Veränderungen im Leben feiern können: Pubertät, Menopause, Ehe, Umzüge, Beförderungen.
- ☯ Bitten Sie um eine Trauer-Zeremonie, mit der Sie sich von einem geliebten Menschen verabschieden können.
- ☯ Bitten Sie um ein Ritual, mit dem Sie das Dasein eines anderen Menschen, eines Angehörigen oder Kollegen, gebührend feiern können.
- ☯ Fragen Sie nach einem Ritual für mehr Freude und Gesundheit in Ihrem Leben und um ein Ritual zur Feier der Jahreszeiten.

Sandra Ingerman

Schamanische Techniken schützen die Seele

Die negativen Energien des modernen Alltags vergiften unsere Seele. Angst, Stress, Wut und Pessimismus machen uns krank. Was können wir dagegen tun?
Sandra Ingerman kombiniert schamanische Techniken und moderne psychotherapeutische Methoden, um die Immunkräfte unserer Seele entscheidend zu stärken. Kraftvolle Übungen verwandeln negative Energien in positive Kraft und lassen endlich inneren Frieden und Lebensfreude finden.

978-3-453-70103-8

Leseprobe unter: **www.heyne.de**

HEYNE ❮

Sandra Ingerman

Mit Schamanenkraft zu seelischer Ganzheit

Lebenskrisen, Schockerlebnisse und Traumata lassen uns Teile der Seele verlieren. Wir leiden, fühlen uns unvollständig und vom Leben abgeschnitten. Sandra Ingerman hat die alte schamanische Heiltechnik der Seelenrückholung wiederentdeckt und um moderne psychologische Erkenntnisse bereichert. Einfühlsam zeigt sie, wie diese revolutionäre Methode dabei hilft, die verlorenen Anteile des Selbst wiederzufinden und die Lebensenergie zurückzugewinnen.

978-3-453-70155-7

»Ich kann keine bessere Hilfe auf dem Weg zu innerer Ganzheit empfehlen.«
Michael Harner

Leseprobe unter: **www.heyne.de**